职业院校课程改革特色教材（汽车类）
ZHIYE YUANXIAO KECHENG GAIGE TESE JIAOCAI (QICHELEI)

汽车电气设备一体化学生手册（第2版）

■ 车小平　总主编
温继峰　宁斌　阮为平　主编
陈长华　黄淑玲　韦国卫　李国君　副主编

人 民 邮 电 出 版 社
北 京

图书在版编目（CIP）数据

汽车电气设备一体化学生手册 / 温继峰，宁斌，阮为平主编. -- 2版. -- 北京 : 人民邮电出版社，2017.9(2024.1重印)
职业院校课程改革特色教材. 汽车类
ISBN 978-7-115-46555-9

Ⅰ. ①汽… Ⅱ. ①温… ②宁… ③阮… Ⅲ. ①汽车—电气设备—高等职业教育—教学参考资料 Ⅳ. ①U463.6

中国版本图书馆CIP数据核字(2017)第203247号

内 容 提 要

本书与人民邮电出版社出版的《汽车电气设备一体化教程（第 2 版）》一书配套使用，编排顺序与主教材体系一一对应，主要内容包括汽车电源系统、汽车起动系统、汽车点火系统、照明/信号/仪表及报警系统和辅助电气设备的专业理论知识和初级操作等。

本书可作为中、高等职业技术院校汽车应用类专业的教学用书，也可供有关技术人员参考、学习、培训使用。

◆ 总 主 编 车小平
主　　编 温继峰 宁 斌 阮为平
副 主 编 陈长华 黄淑玲 韦国卫 李国君
责任编辑 刘 佳
责任印制 焦志炜

◆ 人民邮电出版社出版发行 北京市丰台区成寿寺路 11 号
邮编 100164 电子邮件 315@ptpress.com.cn
网址 http://www.ptpress.com.cn
固安县铭成印刷有限公司印刷

◆ 开本：787×1092 1/16
印张：9.25　　2017 年 9 月第 2 版
字数：203 千字　　2024 年 1 月河北第 9 次印刷

定价：25.00 元

读者服务热线：(010)81055256 印装质量热线：(010)81055316
反盗版热线：(010)81055315
广告经营许可证：京东市监广登字20170147号

前言 PREFACE

本书根据岗位典型工作任务中相关的专业理论知识、项目操作规程、方法步骤等内容设置练习题，每个项目后都附有学生学习评价表、一体化项目（任务）考核评分表，形成了一体化课程教学质量评价体系。

学生可通过本手册中的练习题进一步巩固所学的专业理论知识，按照其中的实践指导内容进行专业技能训练。教师可根据本手册中的考核表对学生综合职业能力和职业素质进行考核评价。

本手册在学生掌握基础理论及技能的前提下，引入了汽车维修企业的工作模式，教师布置一项任务，由学生按照维修企业的规范操作流程，在教师的引导下完成学习任务；既能检验学生掌握专业技能的水平，同时也能体现教师的教学水平。

本书由温继峰、宁斌、阮为平任主编；陈长华、黄淑玲、韦国卫、李国君任副主编；蒋德有、兰婷婷、李云超、刘健、李联、洪基龙、卢盈佑、刘剑、罗盛义、韦桂香、卢培冬、国春华参与了本书的编写。

由于编者水平有限，书中难免有不妥和疏漏之处，敬请广大读者批评指正。

编者

2017 年 6 月

目录 CONTENTS

项目一 1 汽车电源系统

基础知识填空

一、电路和电路图

电路是指电流可在____________________组合，图 1-1 所示为最简单的电路。当开关闭合时，__________，使白炽灯发光；当开关断开时，无电流通路，因此电灯不会发光。

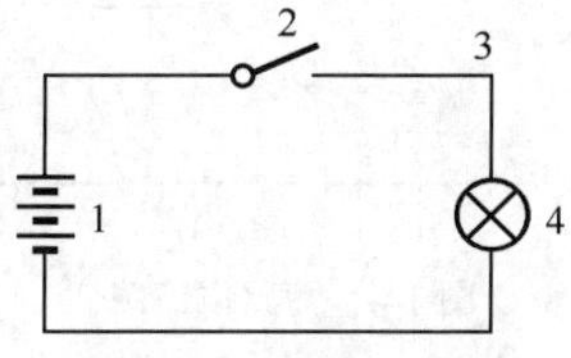

图 1-1　双线制电路图

1—______；2—开关；3—______；4—用电设备

通常把电路中的实物用简单的电气图形符号来表示，这样的图叫做________。

1．汽车电路的线制

电源和用电设备之间用两根导线构成回路，称为双线制。

电源和用电设备之间通常只用一根导线连接，另一根导线则________________，称为单线制，图 1-2 所示为负极搭铁的单线制电路图。

由于负极搭铁时对无线电干扰较小，因此现在世界各国的汽车采用负极搭铁的较多。

注意：采用单线制时，蓄电池的一个极必须用导线接到车体上，通常称为搭铁，用符号"⊥"表示。如果把蓄电池的负极与车体相接就称为负极搭铁，实物图如图 1-3 所示；如果把蓄电池的正极与车体相接就称为正极搭铁。

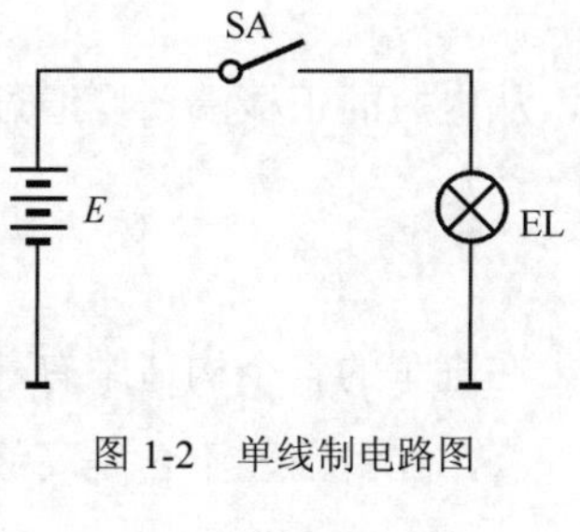

图 1-2　单线制电路图

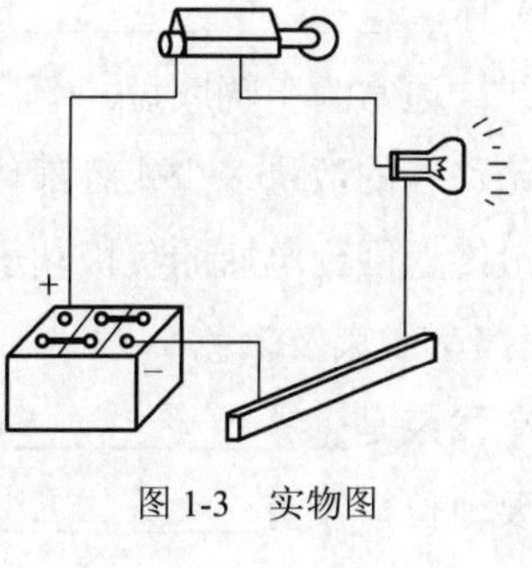

图 1-3　实物图

2．电路的三种状态

（1）通路（闭路）

通路就是____________________________________，开关 SA 闭合时的工作状态即为通路状态，通路状态根据负载的大小可分为三种。

（2）断路（开路）

断路就是____________________________________，此时电路中无电流通过。

（3）短路

短路就是____________________________________，如图 1-4 所示。图中带箭头的实线表示 A、B 间短路，这时电流不经过灯泡而由短路点构成回路。

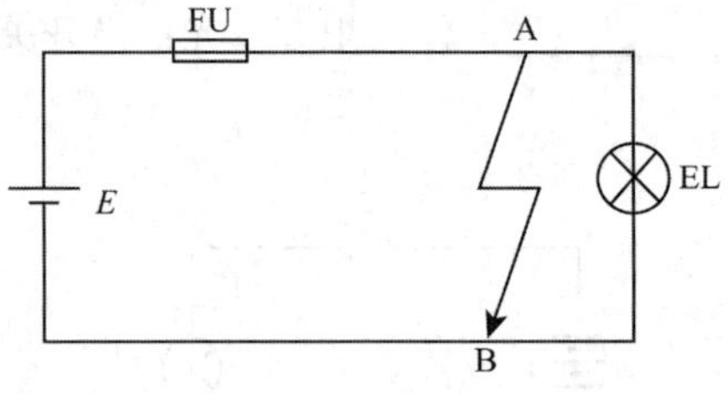

图 1-4　短路电路图

当电路发生短路或电流超过设备的额定电流时，为了防止导线和电气设备过热或烧毁，现代汽车电路中都装有____________________________。

注意：在汽车上，由于采用__________________________，因而，当连接电气设备的火线或电气设备中线圈导线的绝缘损坏，使裸导体直接与发动机或车体的金属部分相碰时，也会造成短路。通常把这种火线碰铁的短路故障称为___________________。

3．汽车电路的基本原则

电路包含了很多部件，大部分车辆电气系统都由如下部分组成。

- 电源：____。
- 保护装置：____。
- 控制装置：____。
- 负载：____。
- 导体：____。

地线：通常为车辆底盘。

无论路径的数量多少或者部件的位置在哪里，电流必须在，从电瓶的正极端子，通过部件到地线，最终返回到电瓶的负极端子。

4．汽车线束及颜色

汽车线束是__________________________________，在汽车的整个构造中有着不可或缺的重要地位，没有_________________________________。在目前，不管是高级豪华汽车还是经济型普通汽车，线束编成的形式基本上是一样的，均是由电线、联插件和包裹胶带组成。

汽车线束从功能上来分，有运载驱动执行元件（作动器）电力的电力线和传递传感器输入指令的信号线两种。电力线是运送大电流的粗电线，而信号线是不运载电力的细电线（光纤维通信）。信号电路用的导线截面积为__________；在电机、执行元件用的导线截面积为__________；电源电路用的导线截面积为 $2mm^2$、$3mm^2$、$5mm^2$；而特殊电路（起动机、交流发电机、发动机接地线等）则有 8mm2、10mm2、15mm2、20mm2 不同规格。

随着汽车电器增多，导线数量也不断增加。为了便于维修，低压导线常以不同颜色来区分。其中，横截面积在 $4mm^2$ 以上的采用__________，而 $4mm^2$ 以下的采用双线，搭铁均用__________。

二、汽车电气设备的构成

汽车上电器设备很多，可划分为八大部分。

（1）电源系统：主要由__________等组成，是汽车的低压电源。

（2）起动系统：主要由起动机和继电器组成，其任务是__________。

（3）点火系统：主要由__________等组成。其功能是将低压电转变为高压电，产生电火花，点燃气缸中的可燃混合气。现代汽车发动机上使用的点火系统大致可分为__________、__________和__________三种。

（4）照明及信号装置：包括__________及__________、__________等。其任务是__________。

（5）仪表：包括电流表、__________、车速里程表和发动机转速表等。汽车仪表正向数字化、屏幕化发展。

（6）舒适系统：主要包括__________等。其任务是为驾驶员提供良好的工作条件和为乘客提供舒适安乐的乘车环境。

（7）微机控制系统：包括__________、__________、__________三大类。目前已经进入实用阶段的电子控制装置有电子控制燃油喷射系统（EFI）、电子控制点火系统（ESA）、电子控制自动变速箱（EAT）及电子防抱死自动装置（ABS）。

（8）辅助电气：包括__________设备及电动玻璃、电动座椅、防无线电干扰设备等。

三、汽车电气设备的特点

汽车种类繁多，电气设备十分复杂，但其基本原理是相同的，电气的特点也基本一致，可用十六字来概括，即“__________、__________、__________、负极搭铁”。

（1）两个电源：即蓄电池和发电机。__________主要在起动时供电；__________是主要电源，它在汽车正常运行时向用电设备供电，同时还给蓄电池充电。

（2）低压直流：汽车用电源电压有__________、__________、__________三种，以 12V 和 24V 为多。直流主要是从蓄电池充、放电来考虑的。

（3）并联单线：汽车上的所有用电设备跟交流电系一样，均采用并联，所不同的是汽车电系的电压低，属于安全电压。发动机、底盘等金属可成为各种电器的一条公用线路，这样由电器到电源就只需一条导线了，这就是所谓单线制。

（4）负极搭铁：汽车电气系统采用单线制时，必须______________________________。

四、蓄电池

蓄电池是一种化学电源，靠其内部的化学反应来储存电能或向用电设备供电。目前燃油汽车上使用的蓄电池主要有两大类：________________（以下简称铅蓄电池）和________________。同时，由于人们对燃油汽车排放要求的提高和能源危机的冲击，各国正在不断探索和研制电动汽车，其主要的动力源为新型高能蓄电池。

（一）汽车蓄电池型号识别

蓄电池的型号由三部分组成，各部分之间用“-”分开。

第一部分为______________________________，用阿拉伯数字表示。

第二部分为电池类型和特征，常用汉字的第一个字母表示。电池特征为附加部分，仅在同类用途的产品中注明特征（A 表示____________、H 表示湿荷电、W 表示____________、S 表示少维护、Q 表示起动、I 表示胶质电解液）。

第三部分为电池的额定容量，其单位为____________，一般在型号中可略去不写，有时在额定容量后面用一个字母表示特殊性能，G 表示______________、S 表示塑料外壳，D 表示____________。

例如：6-QW-120A 型蓄电池，____
____。
____。

1．铅蓄电池

铅蓄电池由于结构简单、价格便宜、内阻小、可短时间供给起动机强大的起动电流而被广泛采用。铅蓄电池又可以分为____________、____________、湿荷电铅蓄电池和免维护铅蓄电池。各种铅蓄电池的特点如表 1-1 所示。

表 1–1　各种铅蓄电池的特点

类型	特点
普通铅蓄电池	新蓄电池的极板不带电，使用前需按规定加注电解液并进行初充电。初充电的时间较长，使用中需要定期维护
干荷电铅蓄电池	新蓄电池的极板处于干燥的已充电状态，电池内部无电解液。在规定的保存期内，如需使用，只需____________，静置 20～30min 即可，使用中需要定期维护

续表

类型	特点
湿荷电铅蓄电池	新蓄电池的极板处于已充电状态，蓄电池内部带有少量电解液。在规定的保存期内，如需使用，只需______________，静置 20～30min 即可，使用中需要定期维护
免维护蓄电池	使用中不需维护，可用 3～4 年，不需______________，极桩腐蚀极少，自放电少

2．免维护蓄电池

免维护蓄电池又称 MF 蓄电池。免维护是指在汽车合理使用期间，不需要对蓄电池进行加注蒸馏水、检测电解液液面高度、检测电解液密度等维护作业。免维护蓄电池特点如下。

（1）栅架材料采用铅钙合金，既提高了______________，又减少了蓄电池的耗水量和______________。使用过程中不需补加蒸馏水（一般可达 3～4 年）。

（2）采用了袋式微孔聚氯乙烯隔板，将正极板装在隔板袋内，既能避免____________________________，又能防止__________________。因此壳体底部不需要凸起的肋条，降低了极板组的高度，增大了极板上方的容积，使电解液贮存量增多。

（3）______________，仅为普通蓄电池的 1/8～1/6，因此可以较长时间（一般为 2 年）湿储存。

（4）内阻小，具有较高的放电电压和较好的起动性能，耐过充电性能好，极柱无腐蚀或腐蚀极轻。

（5）__________________。使用寿命一般为 4 年以上。

（6）蓄电池内部安装有电解液密度计，可自动显示蓄电池的存电状态和电解液液面的高低。如果密度计的观察窗呈绿色，表明______________，可正常使用；若显示深绿色或黑色，表明__________________；若显示浅黄色，表明蓄电池已接近报废。

（7）采用新型安全通气装置和气体收集器，在孔盖内部设置一个氧化铝过滤器，可以阻止水蒸气和硫酸气体通过，同时又可以使__________________顺利逸出。通气塞中装有催化剂钯，可促使氢、氧离子重新结合成水回到蓄电池中。

蓄电池是一种可______________，它既能将化学能转化为电能，也能将电能转换为化学能。蓄电池可分为__________和__________两大类，其主要目的是起动发动机。汽车上一般采用铅蓄电池，汽车上装有__________电源，全车用电设备均与直流电源并联连接，电路图如图 1-5 所示。

蓄电池的作用：

① 发动机起动时，______________________________；

② 发动机低速运转时，向用____________________________供电；

③ 发动机中、高速运转时，将发电机剩余____________________________；

④ 发电机过载时，协助____________________________；

⑤ 蓄电池相当于一个大电容器，能吸收电路中出现的瞬时过电压，保护电子元件，保持汽车电气系统电压稳定。

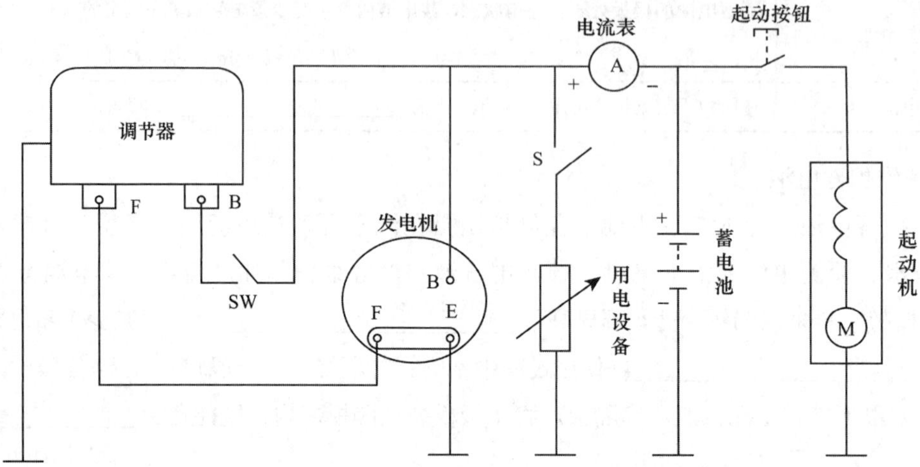

图 1-5　蓄电池与电气连接图

（二）蓄电池的基本结构

铅蓄电池主要由正负极板、隔板、电解液、外壳、汇流条、极柱、蓄电池盖及加液孔盖等部分组成（见图 1-6）。额定电压 12V 的蓄电池由 6 个单格串联而成，每单格的额定电压为 2V。

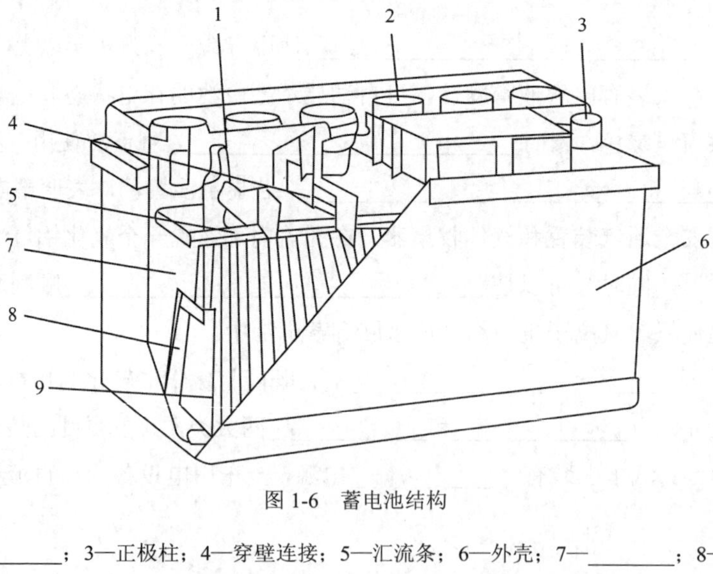

图 1-6　蓄电池结构

1—________；2—________；3—正极柱；4—穿壁连接；5—汇流条；6—外壳；7—________；8—隔板；9—________

（三）蓄电池的工作原理

蓄电池的工作原理是____。当蓄电池将化学能转化为电能而向外供电时，称为放电过程；当蓄电池与外界直流电源相连将电能转化为化学能存储起来时，称为充电过程。

1．放电过程

当蓄电池充足电时，正极板上的活性物质是____________，负极板上的活性物质纯铅，在电解液（纯硫酸＋蒸馏水）作用下，发生以下化学反应：

$$PbO_2 + 2H_2SO_4 + Pb \longrightarrow PbSO_4 + 2H_2O + PbSO_4$$

反应前：正极（二氧化铅）、电解液（硫酸）、负极（纯铅）

反应后：正极（硫酸铅）、电解液（水）、负极（硫酸铅）

如果电路不中断，上述电化学反应将继续进行。电解液中的硫酸因氢离子和硫酸根离子因迁移而被消耗，生成了水，所以放电后电解液的密度____________。这个过程一直进行到化学反应不能再继续进行为止。

2．充电过程

如果把放电后的蓄电池接一直流电源，使蓄电池正极接____________，蓄电池的负极接直流电源的负极。当外加____________，电流将以放电电流相反的方向流过蓄电池，使蓄电池正、负极发生与放电相反的化学反应：

$$PbSO_4 + 2H_2O + PbSO_4 \longrightarrow PbO_2 + 2H_2SO_4 + Pb$$

反应前：正极（硫酸铅）、电解液（水）、负极（硫酸铅）

反应后：正极（二氧化铅）、电解液（硫酸）、负极（纯铅）

充电时，正极板外加电流将____________，正极板上原二价铅离子因失去两个电子而成为四价铅离子，再与水反应生成二氧化铅（附着在正极板上）。而在负极板上，由于得到____________。与此同时，从正、负极上电离出来的硫酸根离子则与水中氢离子结合生成硫酸。所以充电时，水被消耗，电解液密度上升。在充电过程中，上述化学反应不断进行。当充电进行到极板上的物质和电解液完全恢复到放电前的状态时，蓄电池又可向外供电。

铅蓄电池的容量：____________。

（四）蓄电池的维护

（1）保持蓄电池外表面的清洁干燥，及时清除____________，并确定蓄电池极桩上的电缆连接牢固。

清洗蓄电池时，最好____________，用苏打水溶液冲洗整个壳体（见图 1-7），然后用____________。对蓄电池托架，可先用腻子刀刮净腐蚀物，然后用苏打水溶液清洗托架（见图 1-8），之后用水冲洗并干燥。托架干燥后，____________。

对极桩和电缆卡子，可先用苏打水溶液清洗，再用专用清洁工具进行清洁，如图 1-9 所示。清洗后，在电缆卡子上涂上凡士林或润滑油防止腐蚀。

注意：清洗蓄电池之前，要____________
____________。

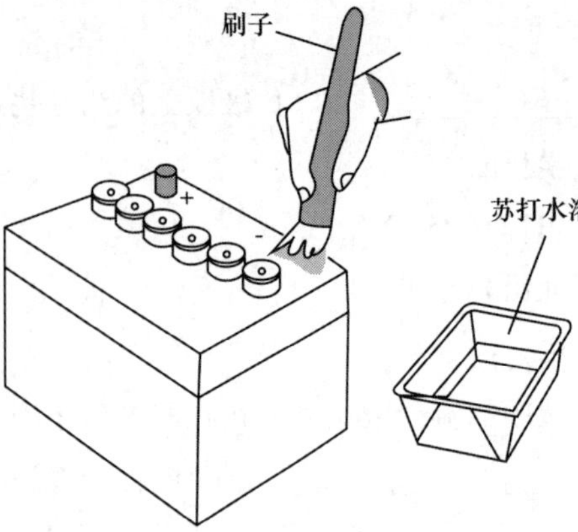

图 1-7　清洁蓄电池的极桩

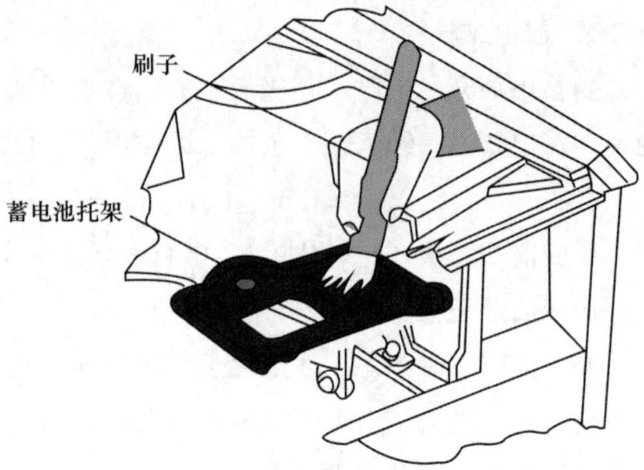

图 1-8　清洗托架

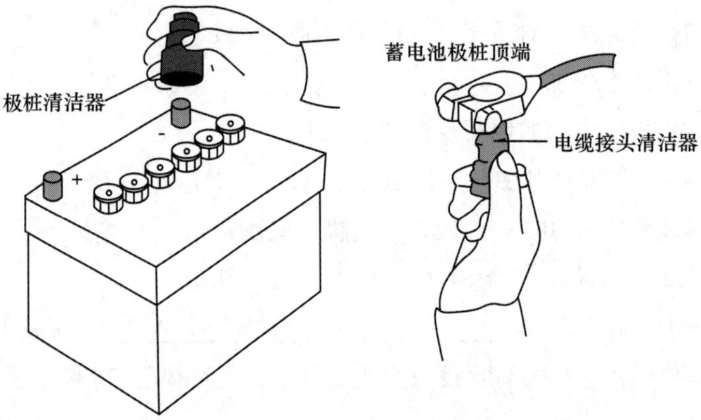

图 1-9　清洗极桩和电缆卡子

（2）保持加液孔盖上____。

（3）定期检查并调整电解液液面高度，液面不足时，______________________________。

（4）汽车每行驶 1000km 或夏季行驶 5～6 天，冬季行驶 10～15 天，应用密度计或高率放电计检查一次蓄电池的放电程度，当冬季放电超过____________、夏季放电超过____________时，应及时将蓄电池从车上拆下进行补充充电。

（5）根据季节和地区的变化及时调整电解液的密度。冬季可加入适量的密度为 1.40g/cm^3 的电解液，以调高电解液的密度（一般比夏季高 0.02～0.04g/cm^3 为宜）。

（6）冬季向蓄电池内补加蒸馏水时，必须在______________________________，以免水和电解液混合不均而引起结冰。

（7）冬季蓄电池应经常保持在充足电的状态，以防______________________________，引起外壳破裂、____等故障。

（五）蓄电池的检修

1．检查蓄电池电解液密度

电解液密度的大小，是判断蓄电池容量的重要标志。测量蓄电池电解液密度时，蓄电池应处于稳定状态。蓄电池充、放电或加注蒸馏水后，应________________________。

蓄电池充电状态与密度的关系如表 1-2 所示。

表 1–2 蓄电池充电状态与密度的关系

充电状态（%）	100	75	50	25	0
电解液相对密度（g/cm^3）	1.27	1.23	1.19	1.15	1.11

用吸式密度计测量电解液密度，其测量过程如图 1-10 所示。测得的密度值应用标准温度（+25℃）予以________________________________。

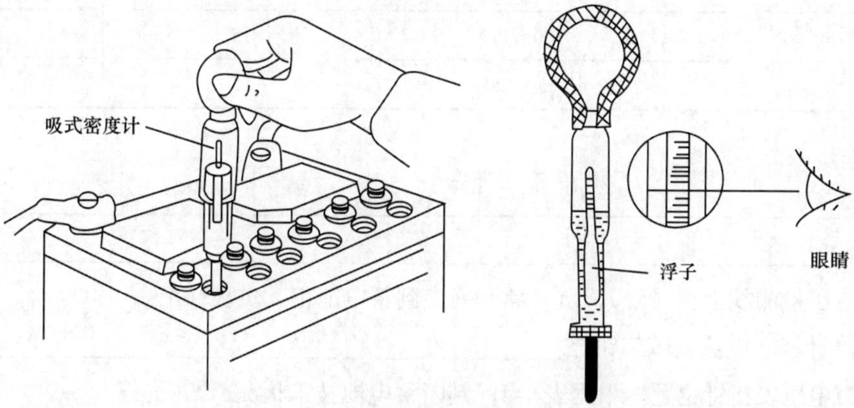

图 1-10 用吸式密度计测量电解液密度

通过对各个单格电池电解液密度的测量，如图 1-11 所示，可以确定____________。如果单格电池之间的密度相差 $0.05g/cm^3$，则该电池失效。

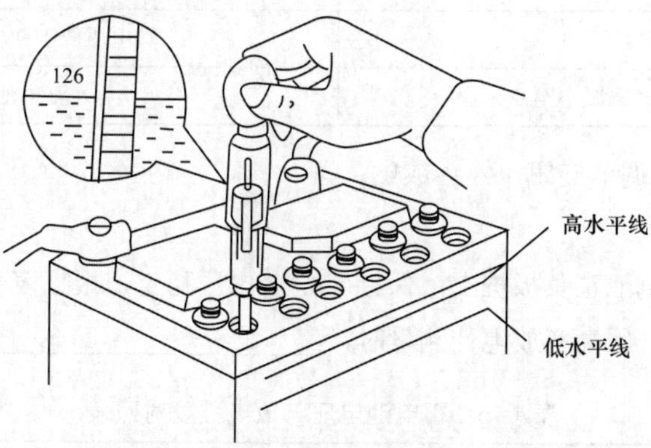

图 1-11 电解液密度测量

2．检测蓄电池电解液液面高度

① 用玻璃管测量法。工具：内径为 3～5mm 的玻璃管。液面高度标准值为________。

② 观察液面高度指示线法。正常液面高度应____________，液面过低时，应加入蒸馏水补充，以恢复正确的液面高度。除非确知电解液溅出，否则不许________________。

3．模拟起动放电检修

对于技术状态良好的蓄电池，当以起动电流或规定的放电电流连续放电 15s 时，端电压应不低于____。

（1）蓄电池检测仪

① 将表 1-3 作为电流选择依据。

表 1–3　选择蓄电池检测仪的电流

蓄电池容量（Ah）	放电电流（A）	放电时间（s）	端电压（V）
>100	200～300	15	10.2
50	100～170	15	9.6
30	70～120	15	9.0

② 操作步骤。

A．____。

B．将____。

C．将电压检测线上正（红）、负（黑）夹夹到蓄电池正、负极柱上。

D．顺时针转动电流调节旋钮至____。

E．观察电压表指针位置，根据表 1-4，判断蓄电池技术状况。

表 1–4　电压表指针位置与蓄电池状态的对应关系

指针位置	蓄电池状态
蓝色区域	端电压高于 9.6V，状态良好
红色区域	端电压低于 9.6V，存电不足
不稳定或电流急剧减小至 0	蓄电池故障

F．逆时针转动电流调节旋钮，停止放电。

（2）高率放电计

将两放电计压在蓄电池正负极桩上，保持 5s，若电压稳定，根据表 1-5 判断放电程度；一般技术状况良好的蓄电池，用高率放电计测量时，____________________________________。

表 1–5　蓄电池电压与放电程度对照表

蓄电池开路电压/V	≥12.6	12.4	12.2	12.0	≤11.7
高率放电计检测蓄电池电压/V	11.6～10.6	9.6～10.6		≤9.6	
高率放电计（100A）检测单格电压/V	1.7～1.8	1.6～1.7	1.5～1.6	1.4～1.5	1.3～1.4

测 12V 电池，蓄电池充满电，密度为 1.24g/cm^3，接入时间为 10～15s。

电压能保持在 10.5～11.6V，存电量为充足，蓄电池无故障。

电压能保持在 9.6～10.5V，存电量为不足，蓄电池无故障。

电压降到 9.6V 以下，存电量严重不足或蓄电池有故障。

（六）铅蓄电池的储存

蓄电池的储存方法有湿储存和干储存两种，应根据蓄电池储存的时间长短进行选择。

1．湿储存法

暂时不使用（1～6 个月）的铅蓄电池，可选用____________。其方法是将蓄电池充足电，____________________，封闭加液孔盖上的通气小孔，置于阴凉通风的室内。在储存期间，应____。如容量已降低 25%时，应立即进行__________。交付使用前也应先____________。

2．干储存法

停用时间较长（6 个月以上）的________，最好选用________储存。即将蓄电池以 20h 放电率________，倒出________，用________反复冲洗至无酸性，倒尽水分，晾干后旋紧________并将________后储存。重新启用时，以________对待。

未启用的新蓄电池，其储存方法与储存时间以__________为准。当__________、__________等情况均符合厂方要求时，一般铅蓄电池保管期限为______年（自出厂之日算起），干荷电铅蓄电池则只能储存______年。

铅蓄电池保管应符合以下条件：

① 应储存在室温为 5℃～40℃的________、________及________的室内；

② 应不受________直射，离热源距离不少于________；

③ 避免与________和________接触；

④ 不得________、________，间距应在________以上；严禁机械________与________。

（七）铅蓄电池的充电方法

铅蓄电池的充电方法有________法、________法和________法。充电时，必须根据铅蓄电池的________及所使用的充电设备等，正确地选择适宜的方法。这样不仅能提高工作效率，还能延长________和________的使用寿命。

1．定流充电法

在充电过程中，充电电流 I_c 保持________的充电方法，称为________充电法。定流充电法接线如图 1-12 所示。由于充电电流 $I_c=(U_c-E)/R$，所以随着铅蓄电池的________ E 的升高，要保持充电________恒定，必须逐步提高充电________。当每单格电池的端电压升高到________时开始冒出气泡，应将充电________，直到蓄电池完全________。

采用定流充电法时，被充电的蓄电池不论是________还是________都可串联在一起，如图 1-12 所示。充足电时，每个________需要 2.7V，故串联的单格电池总数不应超过 $n=U_c/2.7$

（U_e为充电机的额定电压），则__________的 6V 蓄电池的数目为 $U_e/(2.7\times3)$，串联 12V 蓄电池的数目为 $U_e/(2.7\times6)$。充电时，所串联的铅蓄电池__________最好相同，否则充电__________必须先按照容量最小的蓄电池来选定。当小容量的铅蓄电池充足摘除后，再__________的蓄电池充足电。

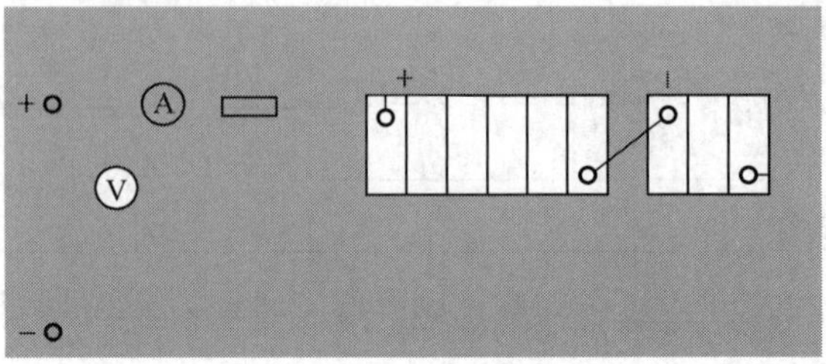

图 1-12　定流充电连接图

定流充电法有较大的适应性，可以__________和调整__________，因此可对__________状况的铅蓄电池充电，如新蓄电池的__________、__________及__________等均可采用这种方法。高电压小电流型的充电机较适宜于选定__________充电法。

定流充电法的主要缺点是____________________。

2．定压充电法

在充电过程中，加在铅蓄电池两端的充电电压 U_c 始终保持__________的充电方法，称为定压充电法。定压充电法的接线如图 1-13 所示。

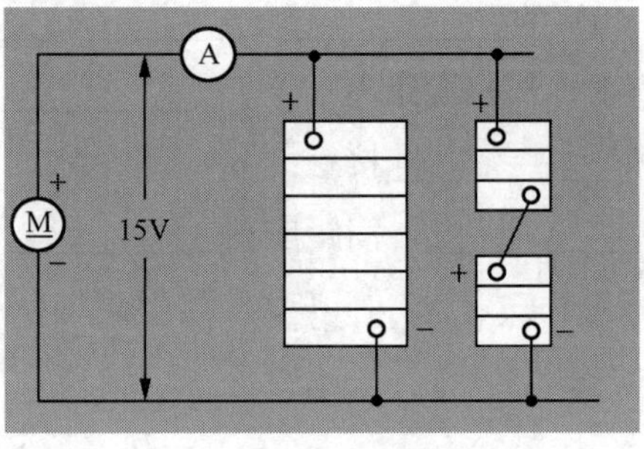

图 1-13　定压充电连接图

由于 $I_c=(U_c-E)/R$，因此在定压充电开始时，充电电流很大。此后，随__________。这样，在充电过程中无需专人照管，不需要调节。另外，____________________，充电后 4～5h 内铅蓄电池就可以获得本身容量的 90%～95%，因而可大大缩短充电时间。定压充电法较适合于铅蓄电池在汽车、拖拉机上的充电。一些汽车维修厂家也采用定压充电法对铅蓄电池进行补充充电，以缩短充电时间。由于定压充电法，______________________________

______________________________。

采用定压充电法时，充电电压必须调整适当。过高，____________________；过低，____________________。一般每个电压按 2.3～2.5V 来选取，即__________

______。

3．脉冲快速充电法

所谓脉冲快速充电法，就是______。即当铅蓄电池单个电压升到2.4V开始冒气泡时，在控制电路的作用下开始进行脉冲充电，即______，接着______。

脉冲快速充电法的优缺点有：

（1）______；

（2）______；

（3）______；

（4）______。

（八）充电种类

1．初充电

它是指______。初充电对蓄电池的性能和寿命影响很大，必须认真进行。初充电的特点是______。其操作步骤如下。

（1）灌注电解液：______。

（2）接线：______。

（3）进行充电：过程通常分两个阶段进行。第一阶段______，转入第二阶段______。

（4）调整电解液相对密度和液面高度：在进行初充电时，由于______。当密度高于规定值时，______；反之，______。调整电解液液面高度，使其达到规定值，再充电30min，使其混合均匀。如不符合要求，______。

新蓄电池初充电后，达不到额定容量时，应进行______，即用______，再用补充充电电流（即I_c=0.1C20A）充足电，进行一次充放电循环，测定其容量。若容量仍低于______，应再______。新蓄电池______。

2．补充充电

补充充电是______。

由于铅蓄电池在汽车上使用时，常有______现象（特别是在市区从事短途运输的车辆）应根据需要______充电。一般汽车用铅蓄电池应______从车上拆下进行一次补充充电。使用中如发现下列现象之一时，必须随时进行补充充电。

（1）______；

（2）____________________________________；

（3）____________________________________；

（4）____________________________________。

此外，铅蓄电池放置时间____；当电解液______________________________________。

补充充电仍采用定流充电法，分两阶段进行。先以__________的电流充电，待单格电池______________以上，蓄电池中有气泡冒出时，改用______________的电流充电，直至充足为止。

补充充电的主要特点：____________________。

3．间歇过充电

间歇过充电是为__________________________，故又称为防硫化充电。汽车用铅蓄电池应__________________________。

间歇过充电的方法是：____。

4．循环锻炼充电

循环锻炼充电是为了防止____________________________。铅蓄电池在使用中常处于____________________，参加电化学反应的____________________；为迫使使用中相当于额定容量的活性物质都能参加工作，以避免______________________，一般每隔____________________。

其方法是：_______________________，再_________________________，其容量降低值不得_______________，否则，应__________________，直至容量达到 90%C20 以上时，方可使用。

5．去硫化充电

去硫化充电是消除铅蓄电池极板轻度硫化的一种排故性充电方法。操作步骤如下。

（1）将铅蓄电池按 20h 放电率放电，到单格电池电压降到 1.75V 为止。

（2）倒出电解液，用______________________，然后______________________，用 I_c=0.03C20A 的电流充电，并随时测量电解液的密度。当电解液密度__________________，将____。

（3）____。

（4）用____________________，若放电测得的容量达到__________，为硫化已基本消除，可装车使用；若容量达不到 80%，说明极板硫化严重，应进行修理或报废。

（九）充电作业注意事项

（1）严格遵守各种充电方法的操作规范。

（2）充电过程中，要及时____________________。如发现____________________，甚至变化不明显时，应停止充电，查明原因，消除故障。

（3）整个充电过程中必须随时________________，以免温度过高影响蓄电池的性能。超过 35℃，应将______________；超过 40℃，______________，待温度降到 35℃以下时再进行充电，再充电时______________，则应停止充电并采取人工冷却法降温。

（4）初充电工作应____________________。

（5）配置和灌注电解液时，必须严格遵守安全操作规范和器皿使用规则。

（6）室内充电时，应____________________，以免发生事故。

（7）充电室要安装____________，在充电过程中，通风设备应____________，以排出有害气体，防止爆炸危险及损害操作人员身体健康。

（8）充电室要严禁烟火。

（9）充电设备与被充电池不应放置在同一房间，充电时应______________，再____________；停止充电时，则应____________，再______________。导线连接务必可靠，严防产生电火花。

（10）充电室应经常备有____________________。

五、发电机

发电机是汽车的主要电源，其功用是________________________。

汽车发电机可分为________和________，由于交流发电机在许多方面优于直流发电机，故后者已被淘汰。交流发电机按照不同的分类方法分为以下几类。

1．按总体结构分五类

（1）普通交流发电机。又称____________________。例如 JF132（EQ140 用）。

（2）整体式交流发电机（____________________）。例如别克轿车的发动机上装配的是 CS 型发电机（包括 CS-121、CS-130 和 CS-144 三种不同的型号）。

（3）带泵交流发电机（________________________）。

（4）无刷交流发电机（不需要电刷的发电机）。例如 JFW1913。

（5）永磁交流发电机（磁极为永磁铁制成的发电机）。

2．按整流器结构分四类

（1）____________。例如 JF1522（东风汽车用）。

（2）____________。例如 JFZ1542（天津夏利汽车用）。

（3）____________。例如（日本日立、三菱、马自达汽车用）。

（4）____________。例如 JFZ1913Z（奥迪、桑塔纳汽车用）。

3．按磁场绕组搭铁形式分两类

（1）内搭铁型交流发电机____________________________。

（2）外搭铁型交流发电机____。

4．按励磁方式分两类

按励磁方式可分为有刷励磁发电机和无刷励磁发电机两类。有 ________________为他励式，无________________为自励式。他励式发电机的整流装置是在________________，而自励式发电机的整流装置是在________________。

（一）硅整流发电机的构造

汽车用交流发电机由________________组成，因此也叫硅整流发电机。

目前国内外生产的汽车交流发电机的结构基本相同，多是由________________，如图 1-14 所示。

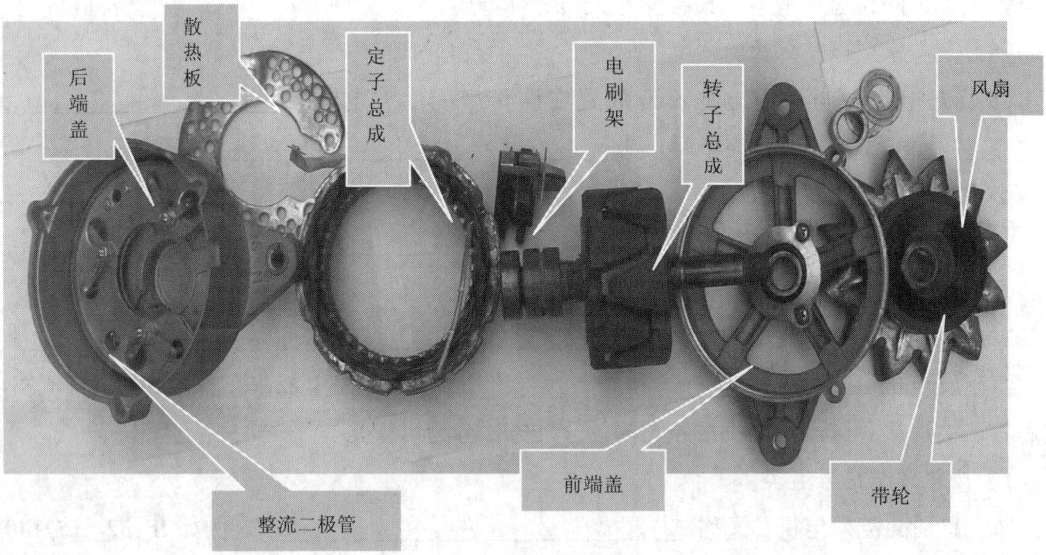

图 1-14　发电机结构图

1．转子

转子的作用是______________________。转子的结构中，励磁绕组的两根引出线分别__________________，______________________。当两电刷与直流电源相接时，励磁绕组中便有____________通过，产生____________，使得一块爪极被____________，另一块爪极被___________，从而形成了__________的磁极。

2．定子

定子的作用是___________________，它由____________________组成。定子铁心一般由________________________，三相定子绕组对称安放在__________。三相绕组的连接方法有星形接法（简称 Y 形接法）和三角形接法（简称△形接法）两种，如图 1-15 所示。其中汽车用交流发电机采用星形接法较多。

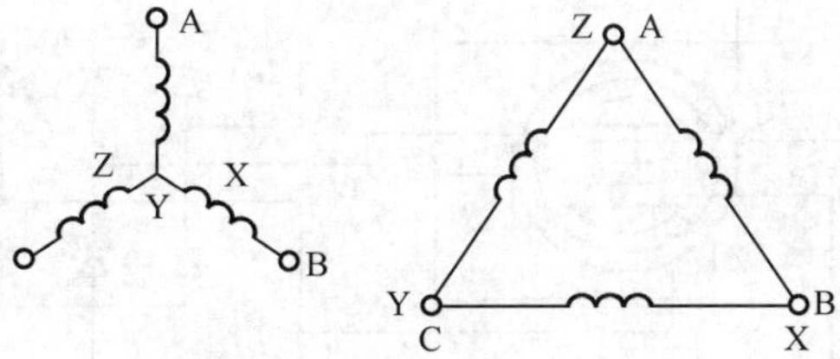

（a）Y 形接法　　（b）三角形接法

图 1-15　三相线组的连接方法

3．整流器

整流器一般由 6 支硅二极管和二极管的散热板组成。交流发电机整流器的作用是将发电机定子绕组产生的三相交流电变换为直流电。

硅二极管一般压装在散热板或发电机后端盖上。其中，压装在发电机后端盖上的 3 支硅二极管引线为____________，外壳为____________，俗称“负极管子”或“反烧管”，管壳底部用黑字标记；压装在散热板（元件板）上的 3 支硅二极管其引线为正极，外壳为负极，发电机后端盖和散热板便组成了发电机整流器总成。散热板通常由____________，以利散热，它与后端盖用尼龙或其他绝缘材料制成的垫片隔开，并用螺栓通至后端盖外部，作为发电机的输出接线柱，用____________________________________表示。

4．端盖和电刷总成

交流发电机的前后端盖均由____________________________________而成，这是因为铝合金为非导磁性材料，可减少______________，并具有轻便、散热性能良好等优点。电刷总成由____组成。两只电刷装在电刷架孔内，借电刷弹簧的压力与滑环保持接触，向发电机转子磁场绕组提供磁场电流。

目前，国产交流发电机的电刷架有两种结构，一种为______________，即电刷架可以直接从发电机外部拆装；另一种为______________，即电刷架不可以直接从发电机外部拆装。

（二）硅整流交流发电机的工作原理

交流发电机产生交流电的基本原理是电磁感应原理。三相交流发电机的工作原理如图 1-16 所示。交流发电机的转子为________________________，当转子由发动机带轮带动旋转时，由于__________________，所以在三相绕组中产生交流电动势。交流发电机定子绕组内的感应电动势的大小与每相绕组串联的匝数及转子的转速有关，匝数越多，________________。

1．交流发电机工作原理

点火开关闭合，蓄电池给电压调节器提供触发电压。当发动机未工作或转速低时，电压调节器使____。当发电电压超过______时，灯灭；当发电电压超过______时，磁场绕组的回路断开，磁场消失，发电电压下降；当低于 13.8V 时，磁场绕组又有电流流过，发电电压上升。这样使发电电压总维持在 13.8～14.2V 之间。

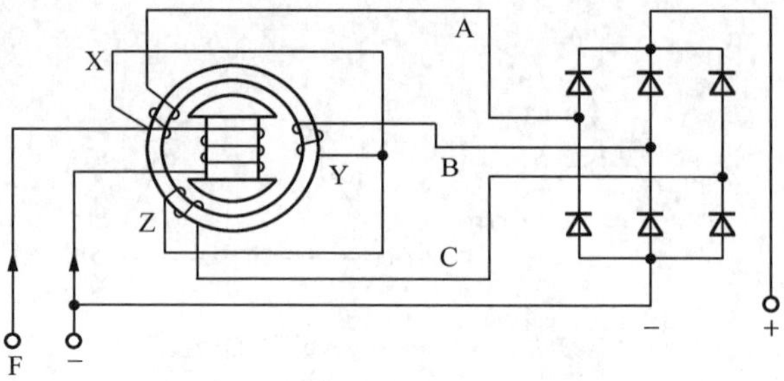

图 1-16　三相交流发电机的工作原理

2．交流发电机的整流原理

在交流发电机中，6 支二极管组成的全波整流电路，其整流原理如下：

____。

____。

____。

____。

____。由于三个负极管子（V2、V4、V6）的负极也分别接在三相绕组的首端，它们的正极同时接在后端盖上，所以在某一瞬间，哪一相的电压最低，哪一相的负极管子就导通。

3．汽车用交流发电机的分类

按总体结构分为______________、______________、带泵交流发电机、无刷交流发电机和永磁交流发电机。目前，柴油汽车上普遍采用带泵硅整流发电机，而汽油车上普遍采用____________________________。

（1）带泵硅整流发电机

带泵硅整流发电机的发电机部分与普通硅整流发电机完全一样，只是转子轴很长，从后端盖中心伸出，利用伸出的发电机转子轴上的外花键与真空泵的转子内花键相连接，驱动真空泵与发电机转子同步旋转，为汽车制动系统的真空助力器或真空增压器提供真空源，主要用于没有真空源的柴油车。汽油机可直接从______________________，制动时因节气门几乎全关而在进气歧管中形成高真空，而柴油机无______________________。

（2）永磁式无刷硅整流发电机

这种发电机与普通发电机不同的是转子部分__________。以永久磁场作为转子磁极而产生旋转磁场。它不仅去掉了电刷和滑环，而且不需要磁场绕组和爪极。

汽车永磁发电机主要由__________、__________、__________、__________、__________、前端盖、轴承和皮带轮组成。

转子常用的永磁材料有__________、__________和__________（稀土钴、钕铁硼）等。其中______________________为第四代超强永磁材料，其剩磁和矫顽力都非常高，且退磁曲线为直线，回复线与退磁曲线基本重合，另外其原料丰富。当钕铁硼材料用于车用硅整流发电机时，转子磁极采用________________结构，用环氧树脂胶粘在导磁轭上，磁极之间呈鸽尾形，用胶填充。

永磁式无刷硅整流发电机的优点有以下几点。

① 无蓄电池发电。因其转子是永久性的磁体无需励磁电流，故只要其在发动机带动下转动即可发电，节约了能源。与相同体积的励磁式发电机相比，同等情况下可________，并且当行进中蓄电池损坏时汽车的供电系统仍可正常工作，即使无蓄电池，只要摇转发动机或溜车均可实现点火运行。

② 低速供电性能好，电压调整率小。低速供电时，在电磁参数相同的情况下，硅整流发电机“零电流”时永磁发电机可以________________________，大大改善了低速供电性能。

③ 结构简单，性能更加稳定。永磁发电机在转子结构上只有________、________薄片式钕铁硼、磁钢，简化了加工工序。

④ 环境适应性强。该发电机__________、__________，能在潮湿或灰尘多的恶劣条件下运行；无需外加励磁电源，发电机只要旋转就能发电，提高了可靠性；永磁发电机无碳刷、滑环结构，消除了____；消除了电火花，也能适合在爆炸性危险程度较高的环境中工作。

⑤ 延长蓄电池使用寿命。首先，永磁发电机具有__________________，可使蓄电池经常处于充足电状态，能有效防止蓄电池的极板硫化。其次稳压精度高，不欠充电，也不会过充电，在充电过程中始终保持____________________，不会产生大量的气泡，这样既不损耗大量的电解液和污染蓄电池表面，同时也有效地避免了因剧烈出气而造成的活性物质脱落，从而延长蓄电池寿命。

⑥ 体积小、重量轻、__________、__________、用途广。采用高磁能积，高剩磁感应强度及矫顽力，去磁曲线为直线的钕铁硼稀土永磁材料的转子结构，使得发电机内部结构设计排列得很紧凑，体积小、重量轻。

⑦ 采用可控硅整流稳压技术。整流和控制系统采用________________，可控硅整流稳压电路的耗电量要比整流桥电路的耗电量低，减少发热量，提高子输出功率，而且该电路集稳压、整流于一体，大大降低了成本。

⑧ 提高发电效率，减少工作损耗。因其设计的改进，永磁发电机采用钕铁硼永磁体励磁，由于不需要电励磁绕组的电能消耗，仅此一项即可提高__________________。

交流发电机使用时的注意事项如下。

① 经常清洁发电机外表的积垢和尘土，保持______________________。

② 经常检查__________________________，及时紧固各部分的螺钉。

③ 传动皮带的张力要合适。过松，____________________；过紧____________________。

④ 安装蓄电池时，千万不要装错，通常是先装______________，不装______________，否则极易烧坏二极管。

⑤ 采用集成电路调节器时，发动机不运转应______________________________。

⑥ 绝不允许用____。

⑦ 发电机有了故障不发电时，要及时排除，否则会造成更严重的故障。

六、调节器与电源系统的电路

在汽车上，交流发电机是由发动机固定的传动臂驱动旋转的，其转速高低取决于发动机的转速。在汽车行驶过程中，由于发动机转速随时都在发生变化，发电机的转速也必然随着发生变化，因此发电机输出电压必然随转数的变化而变化。在汽车上加装电压调节器，当发电机转数发生变化时，自动调节发电机输出电压并使电压保持恒定，防止输出电压过高而损坏用电设备和避免蓄电池过量充电。

电压调节器分为______________和______________两种，随着汽车产品的电子化不断增加，触点式调节器有被淘汰的趋势。汽车交流发电机有内搭铁与外搭铁之分，因此与其匹配使用的电子电压调节器也有内搭铁与外搭铁两种形式。

（一）汽车调节器的作用

交流发电机必须配有汽车调节器与其配合工作。这是因为交流发电机在结构一定及磁场强度不变的条件下，其输出电压________________________，而发电机由发动机带动，其转速则是由____________________所决定。汽车正常行驶时，发动机转速变化范围很大，这势必对发电机输出电压的大小有很大影响。为使发电机电压在不同的转速下均能保持一定，且能随________________________，使电压值保持在某一特定范围，就必须装置汽车调节器。而它的正常工作，对保证整个汽车电气系统的正常工作和对延长汽车电气设备的使用寿命关系极大，其输出电压（或充电电压）对蓄电池的使用寿命也影响很大。

（二）汽车调节器的工作原理

① 点火开关 SW 刚接通时，发动机不转，发电机不发电，蓄电池电压加在分压器 R_1、R_2 上，此时因 U_{R1} 较低不能使稳压管 VS 的反向击穿，VT_1 截止使得 VT_2 导通，发电机____________接通，此时由蓄电池供给磁场电流。随着发动机的起动，发电机转速升高，发电机他励发电，电压上升。磁场绕组电路为：

____。

② 当发电机电压升高到大于蓄电池电压时，发电机自励发电并开始对外蓄电池充电。如果此时发电机输出电压 U_B 小于调节器调节上限 U_{B2}，VT_1 继续截止，VT_2 继续导通，但此时的磁场电流由发电机供给，发电机电压随转速升高而迅速升高。磁场绕组电路为：

____。

③ 当发电机电压升高到等于调节上限 U_{B2} 时，______________________________

____。

④ 当发电机电压下降到等于调节下限 U_{B1} 时，______________________________

____

____。

周而复始，发电机输出电压 U_B 被控制在一定范围内，这就是外搭铁型电子调节器的工作原理，其基本电路如图 1-17 所示。

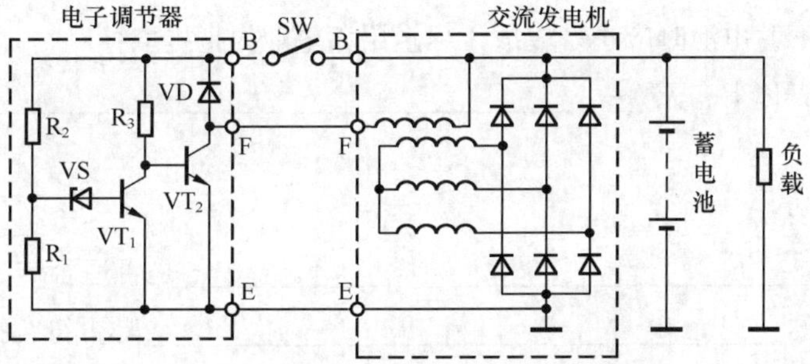

图 1-17 外搭铁型电子调节器的基本电路

内搭铁型电子调节器基本电路的特点是晶体管 VT_1、VT_2 采用____________，发电机的励磁绕组连接在________________之间，与外搭铁型电路显著不同，其基本电路如图 1-18 所示。其电路工作原理和结构与外搭铁型电子调节器类似。

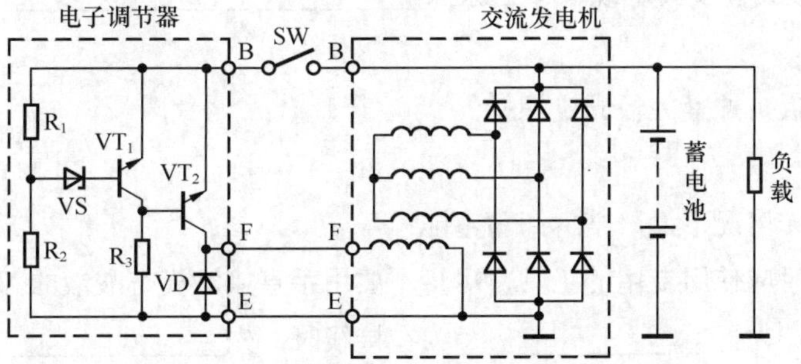

图 1-18 内搭铁型电子调节器的基本电路

（三）汽车调节器的工作特性

调节器通过______________________________，随着转速的提高，大功率三极管 VT_2 的导通时间减小，截止时间增加，这样可使得磁场电流平均值减小，磁通减小。发电机的输出电压 U_B、磁场电流 I_f（平均值）随转速 n 的变化关系称为电子调节器的工作特性。

从调节器的工作特性曲线可以看出，n_1 为调节器开始工作转速，称为工作下限。随着发电机转速的升高，磁场电流减小。当发电机转速很高时，由于大功率三极管不可导通，磁场电流被切断，发电机仅靠剩磁发电，所以电子调节器的工作转速上限很高，调节范围很大。

任务实施

一、蓄电池拆装

1．蓄电池的拆卸

① 将点火开关置于______________________________；

② 拆下蓄电池______________________________；

③ 拧松蓄电池正、负极柱上的电缆接头固紧螺栓，先取下______________，然后取下______________________________；

④ 从汽车上取下蓄电池时应小心轻放，尽量用蓄电池提把提取；

⑤ 检查蓄电池壳体上有无______________________，发现裂纹和渗漏应更换蓄电池。

2．蓄电池的安装

① 检查蓄电池______________________是否适合该型汽车使用；

② 检查电解液的______________________是否符合技术要求，否则应予以调整；

③ 按照蓄电池______________________________，将蓄电池安放到固定架上；

④ 用细砂纸或专用清洁器清洁蓄电池的接线柱及连接接线柱夹头；在螺栓、螺母的螺纹上涂凡士林或润滑脂，以防氧化生锈；

⑤ 在正、负极接线柱及其电缆端子上涂抹______________________，以防极柱和端子氧化腐蚀；

⑥ 安装固定夹板，拧紧夹板固定螺栓。

注意事项：

① 在发动机运转情况下，严禁拆卸蓄电池；

② 拆卸蓄电池时应使用专用的工具，尽量不要用手直接触摸有酸液的部位；

③ 拆接线柱时，先拆______________；在接线时，先______________________。

二、蓄电池充电

（1）连接蓄电池电缆时要注意极性，______________________不能接反。

（2）拆蓄电池电缆时要先拆______________________________。

（3）接蓄电池电缆时要后接______________________________。

（4）严禁在蓄电池附近进行电焊或气焊作业（蓄电池充、放电过程中，会放出易燃易爆的氢气）。

（5）严禁在蓄电池附近吸烟。

（6）蓄电池充电场所要有____

____。

（7）维护蓄电池时，不要戴首饰或手表，这些东西都是良导电体，________________
____
____
____。

（8）千万不可在蓄电池上方传递工具，如碰巧跌落在两极桩上，可造成蓄电池短路，从而引起爆炸。

三、发电机拆装与检测

1．交流发电机的拆卸

（1）对发电机外部进行清洁，并在________________________________。

（2）拧下转子轴前端的固定螺母，拆________________________，如图 1-19 所示。

图 1-19　拧下转子轴前端的固定螺母

（3）拧下前端盖的固定螺母的三个固定螺栓如图 1-20 所示，使用__________拉前端盖，如图 1-21 所示。

图 1-20　拧下前端盖的固定螺母

图 1-21　使用拉马拉前端盖

（4）将转子总成取出（小心不能__________，__________，以免损坏电刷），如图 1-22 所示。

（5）拧下__________的固定螺栓，将散热板拆下，如图 1-23 所示。

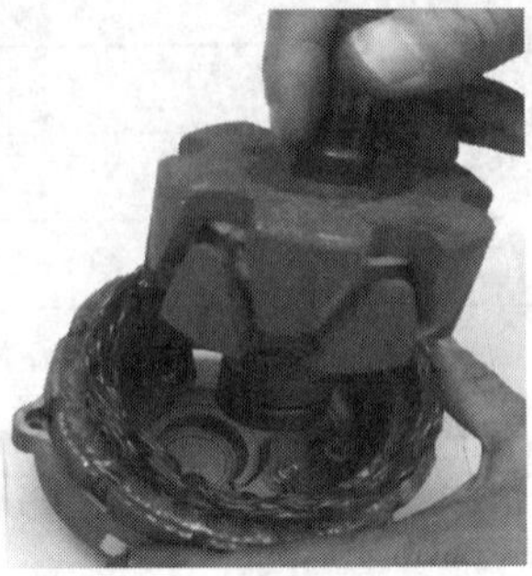

图 1-22　取出转子总成

图 1-23　拧下端盖散热板的固定螺栓

（6）将定子总成与________________、__________________一起取出，如图 1-24 所示。

（7）拆下整流器及定子线圈的连接线，如图 1-25 所示。

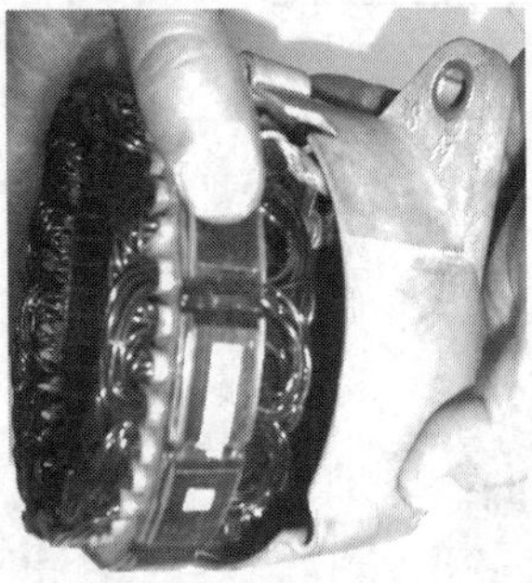

图 1-24　取出定子总成、整流器、电刷架总成

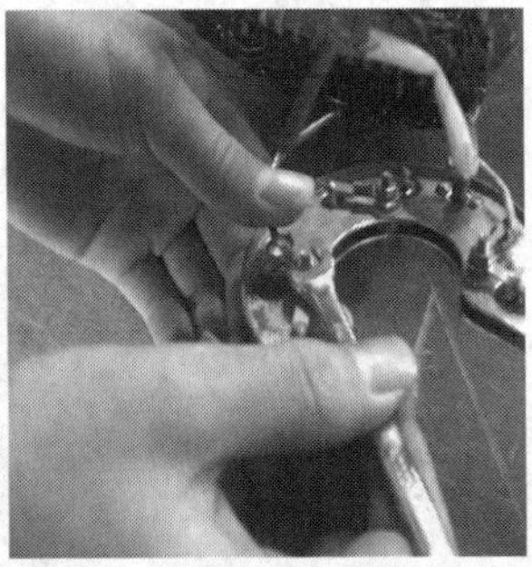

图 1-25　拆整流器及连接线

（8）将拆下的零部件______________________________________，如图 1-26 所示。

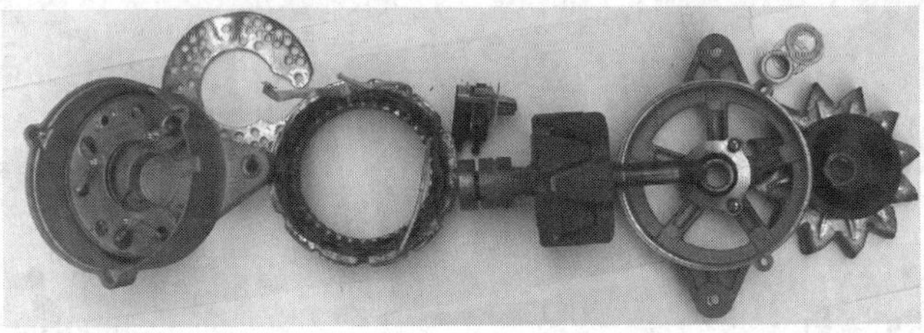

图 1-26　零件放置图

2．发电机的检查

（1）用________________________________（数字万用表的________________挡测量硅整流器的二极管通断情况，如图 1-27 所示。

① 用万用表二极管挡位测量整流板上面的正二极管：红表笔接触二极管接线柱，黑表笔接触整流____，如图 1-28 所示。

② 用万用表二极管挡位测量整流板里面的负二极管：________________________________

____。

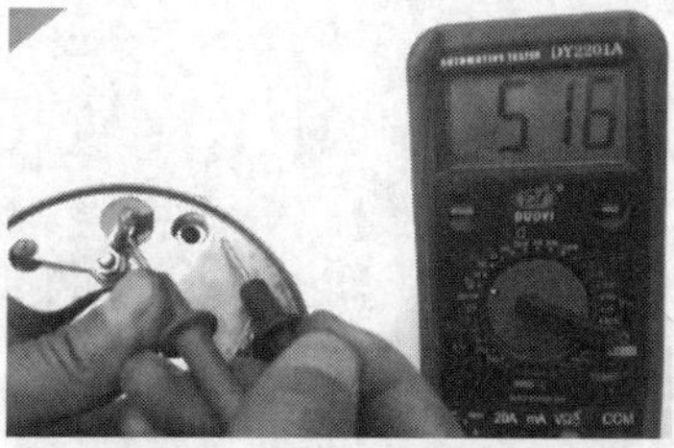

图 1-27 测量二极管通断情况

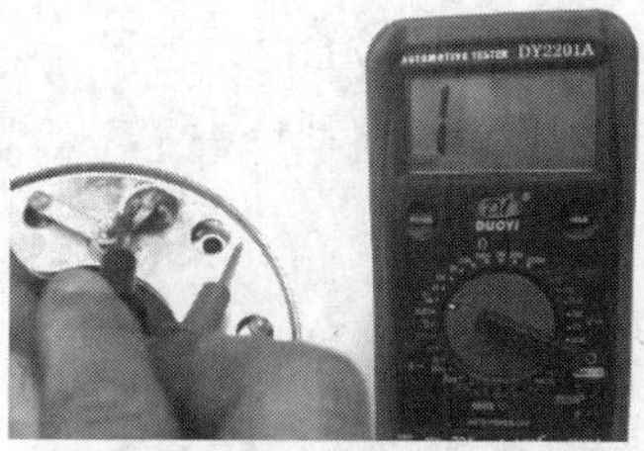

图 1-28 测量二极管导通情况

（2）转子总成的检查。

① 用万用表最小电阻挡检查转子线圈。

A．将两个表笔接触两个滑环，测量电阻值为 3～5Ω，说明转子线圈正常；如显示“1”则表示转子线圈有断路现象；如数值小于规定值表示______________________，如图 1-29 所示。

B．使用二极管挡位测量转子线圈是否搭铁。把一表笔接触滑环，另一表笔接触搭铁（见图 1-30），如导通，则表示转子线圈有搭铁现象；如不导通（万用表数字显示“1”），表示______________________。

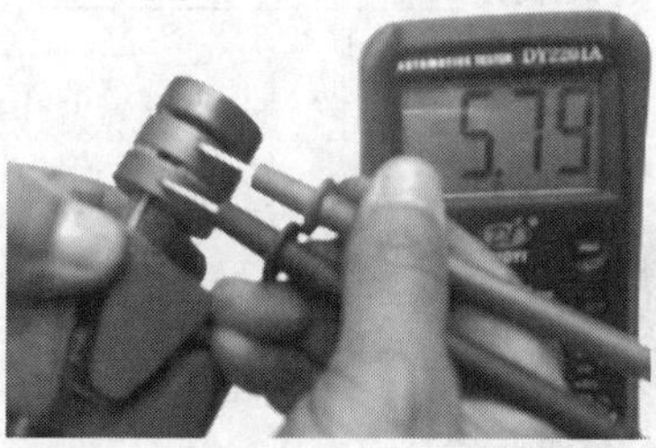

图 1-29 测量电阻

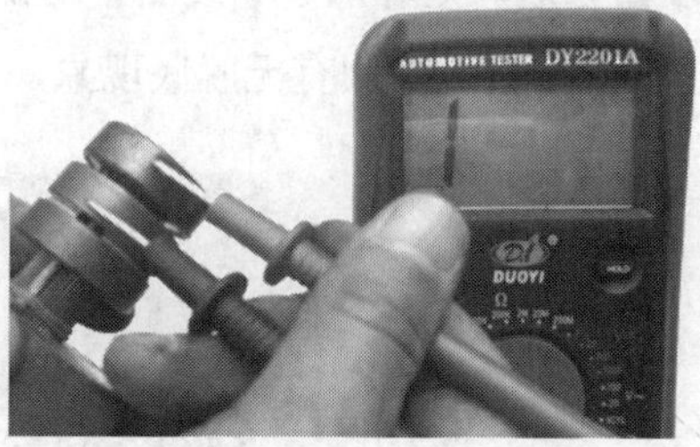

图 1-30 测量搭铁

② 转子轴、滑环及轴承的检修。

A．转子轴的弯曲会造成转子与定子之间间隙过小而摩擦或碰撞（脱底现象），如发现发电机运转时阻力过大或有异响，______________________。检查方法：目测是否有刮痕（见图 1-31），装好后转动转子轴。

B．滑环应表面光滑，无烧蚀，滑环厚度应大于______________________，如图 1-32 所示。

图 1-31 目测检查

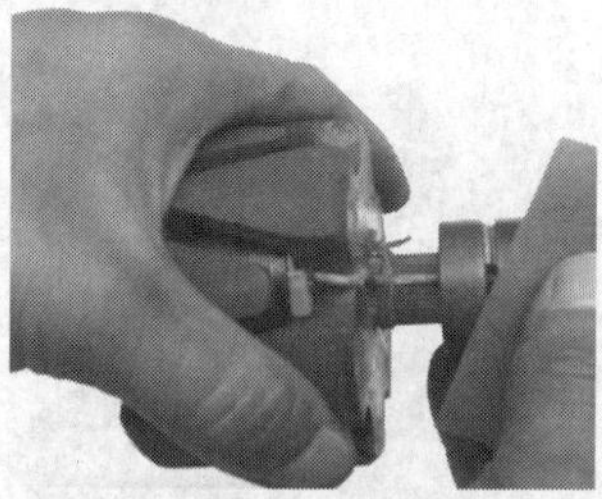

图 1-32 打磨表面

C．轴承的检查。轴承转动灵活，无______________________，如图 1-33 所示。

（3）定子线圈的检查。

用万用表最小电阻挡检查定子线圈电阻，如图 1-34 所示。

图 1-33　转动轴承

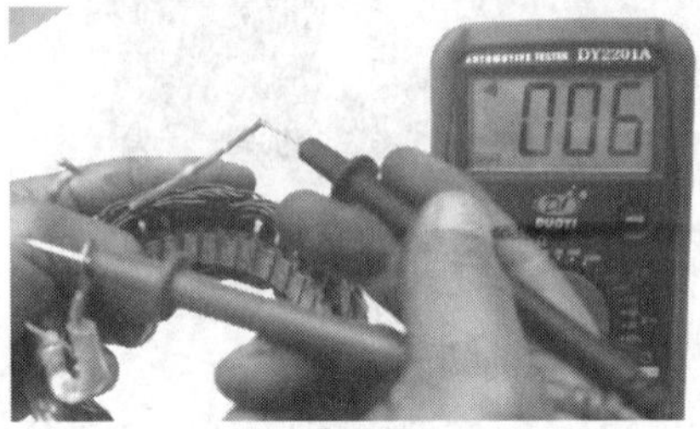

图 1-34　测量电阻

A．测量三相绕组的阻值________________________：相等且为 0.5Ω左右，说明定子线圈是正常的。

B．所测电阻值小于规定值，则说明定子绕组有短路。如果____________，则____________。

C．使用二极管挡位测量定子线圈是否搭铁。将一表笔接触定子线圈的一线头上，另一表笔接触搭铁，如导通，则表示定子线圈有搭铁现象；如不导通，表示________________。

D．检查定子总成内圈有无脱底现象，如图 1-35 所示。

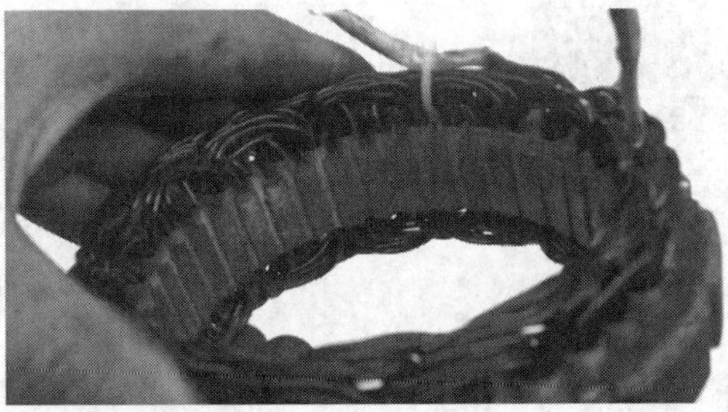

图 1-35　检查定子总成

（4）检查碳刷：碳刷磨损不要超限、弹簧弹力足够（在弹簧作用下能压紧在滑环上即可）。它和滑环接触面积不能____，如图 1-36 所示。

（5）目测检查壳体：壳体应无裂纹、无损坏，如图 1-37 所示。

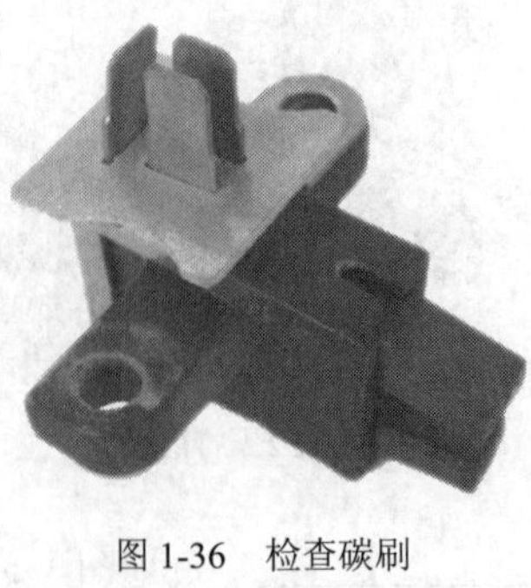

图 1-36　检查碳刷

图 1-37　检查壳体

3．发电机的安装

按照与拆卸相反的步骤安装发动机。在安装的过程中应注意以下事项。

A．绝缘垫的安装和定子引线的绝缘。

B．轴承内应加入______________________________。

C．安装前端盖和后端盖合体前，应用直径为 1mm 的钢丝从后端盖的通孔插入，使电刷缩入电刷架内，以免损坏电刷，装好后____________________（见图 1-38）。

图 1-38 拔出钢丝

D．安装好发电机后，转子转动平稳灵活，无明显的____________________。

四、电源系统电路

1．点火开关

点火开关的挡位一般是______________________________（高档车略有不同），如图 1-39 所示。各个挡位的功能如下。

• LOCK：发动机停止且方向盘被锁定，只有该位置才能____________________。

• ACC：通过点火开关控制，点火钥匙旋到该挡时受该挡控制的用电设备均能操作，此挡位一般实现的用电器功能有电调座椅、音响系统、雨刮喷水系统、点烟器、座椅加热、电动天窗等。

• ON：内部分为 IG1 和 IG2 两个挡位，除去起动机外，其他受点火开关控制的设备均处于工作状态。其中__________的用电器功能有后视镜调节、组合仪表、安全气囊、定速巡航系统、倒车成像、大灯及各控制系统（ECU、ABS、TCS、BCM、轮胎压力、电动转向等）的控制电源。__________的用电器功能有电加热除霜、空调鼓风机等。

• STRAT：起动发动机，释放后____________________，在此位置时 ACC 挡和 IGN2 挡的负载断电，以保证有足够的电量用以起动。

点火开关正确使用方法：钥匙插进点火开关后，在每个挡位做瞬间停留 1～2s，这时能听见电器设备通电的声音，然后进入下一个挡位就可以了。有的车是可以直接进入“NO”位置，然后等待电器各方面全面起动，6～7s 的时间，再扭转钥匙到“START”状态直接打火。

点火开关电路图，如图 1-40 所示。

点火开关的工作过程如下。

① 当点火开关处于“LOCK”位置时，________________导线互不相通。

② 点火开关打到“ACC”挡时，1 号电源线与 2 号线相通，此时电源通过“ACC”触点向辅

助电器供电，______________导线不通电。

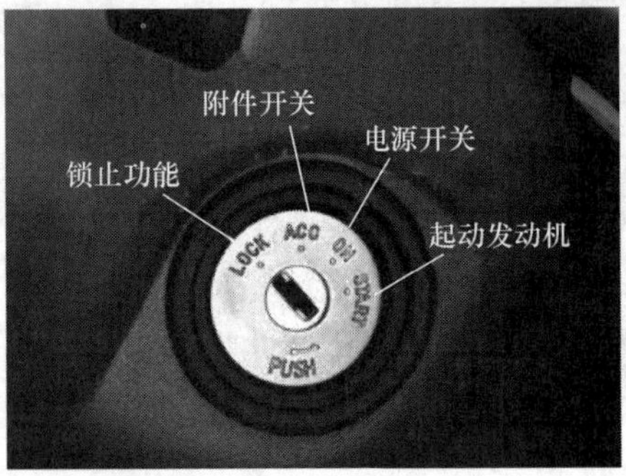

图 1-39　点火开关位置图

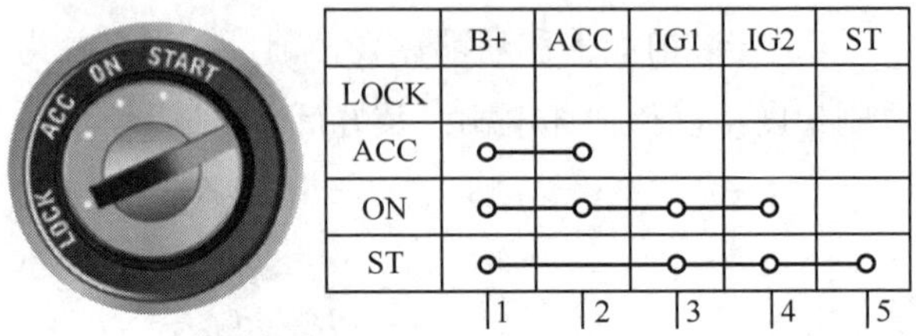

图 1-40　点火开关电路图

③ 点火开关打到“ON”挡时，1、2、3、4 号导线相连通，电源通过“ON”触点向全车电器供电（不包括起动电路）。

④ 点火开关打到“ST”挡时，1、3、4、5 号导线相连通，辅助电器停止供电，电源通过“ST”触点向全车电器供电，同时提供起动信号。

2．电源电路

电源电路图如图 1-41 所示（以科鲁兹车型为例）。

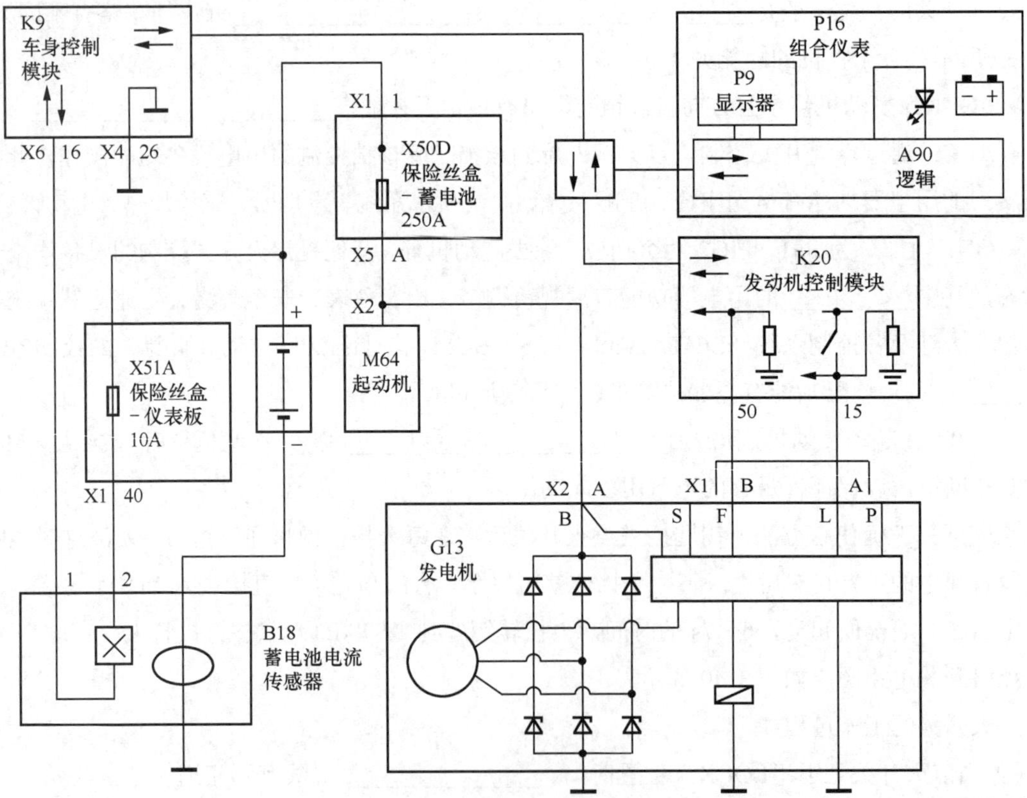

图 1-41　电源电路图

电源电路工作过程如下。

蓄电池通过保险丝为车身控制模块、发动机控制模块、组合仪表常用电源供电。打开点火开关"ON"挡，蓄电池电流经"10A"保险丝"X1"接头"40"号针脚，由____________"2"号针脚进入蓄电池传感器。通过蓄电池电流传感器检测蓄电池电流，当蓄电池有电流形成回路时，蓄电池电流传感器"1"号针脚给车身控制模块一个使用蓄电池供电信号，车身控制模块与组合仪表通过中央数据线实现信息共享，组合仪表将仪表内的蓄电池仪表灯点亮。

车身控制模块与发动机控制模块通过____________________点火开关"ON"挡电压信号，发动机控制模块通过"15"号针脚给发电机"X1"接头"A"号针脚提供一个电压，进入发动机电子调节器，电子调节器给转子线圈通电，经过搭铁，电流形成回路，转子线圈产生磁场。

发动机工作时，通过皮带带动发电机转子产生相对交错变化的磁场，定子线圈由于磁场变化产生交流电，定子产生出来的交流电通过整流器转变为直流电。发动机发出的电能可给电子调节器供电，电子调节器检测发电机电压，通过调整转子线圈电流来保证发动机发出的电压在________________之间。通过发动机"X2"接头"A"号针脚经"250A"保险丝给车上用电设备提供电源，多余的给________________。发电机发出的电压经发电机"X1"接头"B"号针脚给发动机控制模块"50"号针脚一个发电信号。发动机控制模块与组合仪表通过中央数据线实现信息共享，组合仪表将仪表内的蓄电池仪表灯熄灭，表示发电机已工作发电。

综合故障排除

春节期间，张先生开着自己的爱车（2016 款马自达轿车）回老家去喝喜酒。车子在家停了三天，第四天张先生开车时发现车辆无法起动。请根据所学知识分析其故障发生的原因并制定解决方案，根据方案排除故障。（限电源系统）

一、知识链接

① 汽车电源系统相关理论知识。

② 汽车电源系统零部件的拆装、检修。

③ 汽车电源系统执行件的检测。

故障分析：发动机不能起动，存在的故障一般为电池电量低、电路中保险丝被熔断或接触不良、搭铁线接触不良等故障。

二、故障点检查

1．蓄电池电压检查

如图 1-42 所示，将两放电计压在蓄电池正负极桩上，保持 5s，若电压稳定，根据表 1-5 所示的内容来判断放电程度。一般技术状况良好的蓄电池，用高率放电计测量时，单体蓄电池电压应在 1.5V 以上，并在 5s 内保持稳定；如果 5s 内电压迅速下降，或某一单体电池的电压比其他单体电流低 0.1V 以上时，表示该单体电池有故障，应进行修理。

2．保险丝检查

用万用表检查相关电路的保险是否熔断。

图 1-42　蓄电池电压检查

3．搭铁线的检查

4．根据客户陈述检查各故障点并按要求填写车辆检查问诊单（见表 1-6）

表 1–6　车辆检查问诊单

<table>
<tr><td>客户姓名</td><td></td><td>车牌</td><td colspan="3"></td></tr>
<tr><td>客户电话</td><td></td><td>车型</td><td colspan="3"></td></tr>
<tr><td>维修顾问</td><td></td><td>车架号</td><td colspan="3"></td></tr>
<tr><td>预计交车时间</td><td></td><td>行驶里程数</td><td></td><td>燃油表显示</td><td></td></tr>
<tr><td colspan="2">外观确认：
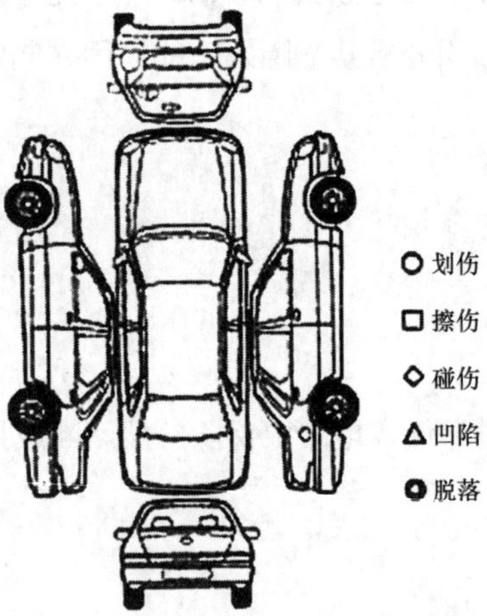
</td><td colspan="4">仪表故障信息：

其他：</td></tr>
<tr><td>客户陈述故障</td><td colspan="5"></td></tr>
<tr><td>报检项目</td><td colspan="5"></td></tr>
</table>

续表

建议维修项目			
客户签字		服务顾问签字	

三、制定计划

老师将学生分成若干小组，每组 5 人左右，每组选出一个组长，组长负责对组员进行任务分配，组员按照组长的要求完成相应的任务，并将所完成的任务内容填入表 1-7 中。

表 1–7　制定计划表

序号	任务	个人任务	完成情况	教师或组长检验结果
1	车辆无法起动（限电源系统），请根据所学知识排除相关故障			
2				
3				
4				

四、检查修改计划

教师检查学生做的计划，根据要求提出相应的修改计划（如计划做得很完美则无需修改，直接进入下一阶段）。

五、实施

1．教学准备

① 一体化实训场地准备：工作台、电气实训台架、教学用整车。

② 工具准备：拆装工具套装、测量工具。

③ 资料准备：教学课件、视频资料、维修手册、网络教学资源。

2．根据检查的结果制定维修方案并按要求填写维修卡（见表 1-8）

表 1–8　维修卡

服务专员		日期		制单人员	
工单号		进厂日期		发动机号	
车主		车主电话		车架号（VIN）	
地址					
车牌号		车型			
检查结果					

续表

<table>
<tr><td rowspan="3">维修方案</td><td colspan="5">1．拆装</td></tr>
<tr><td colspan="5">2．维修</td></tr>
<tr><td colspan="5">3．更换</td></tr>
<tr><td>维修人员签字</td><td></td><td>组长签字</td><td></td><td>指导教师签字</td><td></td></tr>
</table>

3．根据维修方案排除故障并按要求填写维修工单（见表 1-9）

表 1–9　维修工单

<table>
<tr><td>服务专员</td><td></td><td>日期</td><td></td><td>制单人员</td><td></td></tr>
<tr><td>工单号</td><td></td><td>进厂日期</td><td></td><td>发动机号</td><td></td></tr>
<tr><td>车主</td><td></td><td>车主电话</td><td></td><td>车架号（VIN）</td><td></td></tr>
<tr><td>地址</td><td colspan="5"></td></tr>
<tr><td>车牌号</td><td></td><td>预定交车时间</td><td></td><td>质检</td><td></td></tr>
<tr><td>车型</td><td></td><td>路试</td><td></td><td>洗车</td><td></td></tr>
<tr><td>维修类别</td><td></td><td>进厂里程</td><td></td><td>保修结束里程</td><td></td></tr>
<tr><td>维修项目</td><td colspan="2">维修内容</td><td>工时</td><td>单价</td><td>金额</td></tr>
<tr><td>1．拆装</td><td colspan="2"></td><td></td><td></td><td></td></tr>
<tr><td>2．修复</td><td colspan="2"></td><td></td><td></td><td></td></tr>
<tr><td>3．喷漆</td><td colspan="2"></td><td></td><td></td><td></td></tr>
<tr><td>4．更换</td><td colspan="2"></td><td></td><td></td><td></td></tr>
<tr><td>5．机修</td><td colspan="2"></td><td></td><td></td><td></td></tr>
<tr><td>6．四轮定位</td><td colspan="2"></td><td></td><td></td><td></td></tr>
<tr><td>客户签字</td><td></td><td>维修技师签字</td><td></td><td>洗车技师签字</td><td></td></tr>
<tr><td></td><td></td><td>终检签字</td><td></td><td>维修经理签字</td><td></td></tr>
</table>

六、评估效果

整体任务完成情况评价及评分标准，如表 1-10 所示。

表 1–10 整体任务完成情况评价及评分标准

评价内容及评分标准		自我评价（打分）	小组相互评价（打分）	教师评价（打分）
信息收集（15 分）	理解任务或问题的程度（5 分）			
	收集信息的完整性（5 分）			
	对信息（知识）的领会性（5 分）			
制定计划（20 分）	计划制定参与程度（10 分）			
	计划的合理性及实用性（10 分）			
修改计划（15 分）	和老师怎么讨论计划（5 分）			
	和老师讨论后，是否知道如何改进计划（5 分）			
	计划修改后的完整性（5 分）			
实施（20 分）	是否按计划进行工作（5 分）			
	是否亲自实施计划（5 分）			
	是否记录工作过程及结果（10 分）			
检查（15 分）	是否按计划的要求去完成任务（5 分）			
	是否达到预期目标（5 分）			
	整个工作流程是否与标准流程符合（5 分）			
评价（15 分）	按计划是否完成了任务或解决了问题（5 分）			
	在哪个环节上可以改进（2 分）			
	学习团队的合作情况（3 分）			
	现场 5S 及劳动纪律（5 分）			
总分				
总评				

技能考核

发动机的拆装考核评分表，如表 1-11 所示。

发动机的拆装考核（时间：30 分钟）

表 1–11 一体化项目（任务）考核评分表

任课教师签字：

序号	考核内容	配分	评分标准	考核记录	扣分	得分
一	考前准备	2	备齐所需的工具及设备			
二	发电机的拆卸（25 分）	3	1．清洁表面、做拆装标记			
		2	2．拆卸转子轴螺母、皮带轮			

续表

序号	考核内容	配分	评分标准	考核记录	扣分	得分
二	发电机的拆卸（25分）	2	3．拆下风扇			
		2	4．拆下前端盖的固定螺母			
		2	5．拆卸前端盖			
		2	6．取下转子总成			
		3	7．拆卸下端盖散热板的固定螺栓及散热板			
		5	8．取下定子总成与整流器、电刷架总成			
		2	9．拆下整流器与定子线圈			
		2	10．将拆下的零部件按序摆放好			
三	发电机的安装（35分）	2	1．清洁各个零部件			
		3	2．将整流器和散热板装入后端盖，紧固螺栓			
		5	3．安装电刷架总成			
		8	4．安装定子总成，连接导线			
		4	5．安装转子总成			
		3	6．安装前端盖并紧固螺栓			
		5	7．安装风扇、皮带轮			
		5	8．拧紧皮带螺母			
四	基础知识填空	5	回答正确、书写工整、按时全部完成			
五	职业素养	5	1．课堂纪律			
		5	2．文明操作			
		3	3．工具及设备的整齐、清洁度			
六	时间要求	20	每超过1分钟扣1分，超过10分钟者不予及格			
合计		100				

项目二 2 汽车起动系统

基础知识填空

一、起动机的作用及类型

发动机的起动需要外力的作用，汽车起动机就扮演着这个角色。总体来说，起动机用三个部件来实现整个起动过程。直流电动机引入来自蓄电池的电流并且使起动机的驱动齿轮产生机械运动；传动机构将驱动齿轮啮合入飞轮齿圈，同时能够在发动机起动后自动脱开；起动机电路的通断则由一个电磁开关来控制。

起动系统包括________________________________、起动机继电器等部件。

起动机的功用：____。

1．起动机的一般分类

在目前的市场上，起动机大致分为三类：____________、____________和____________。

① ______________起动机。所谓普通也就是没有特殊结构和装置，如红塔 CA1020 车型和五菱小旋风车型汽车都是______________起动机。

② ______________起动机。它取消了励磁绕组，电动机磁极用______________制成。永磁起动机结构简单、____________、____________。如奥迪 100 车型应用的即是该种起动机。

③ ______________起动机。在电动机内部设有减速装置的起动机称为减速起动机，减速起动机的最大优点是__________________________________，同时传动机构的质量和体积可减小____________。缺点是结构和工艺比普通起动机复杂。如今大多数中高档汽车都采用永磁式减速起动机。

2．起动机按控制装置分类

起动机按控制装置分类则可分为以下几种。

① 直接操纵式起动机。它是由______________________直接控制起动机的主电路开关来接通或切断主电路，也称机械式起动机。这种方式虽然结构简单、工作可靠，但由于要求起动机、蓄电池靠近驾驶室，而受安装布局的限制，而且操作不便，现已很少采用。

② 电磁操纵式起动机。它是由按钮或点火开关控制继电器，再由继电器控制起动机的主开关来接通或切断主电路，也称电磁控制式起动机。这种方式可实现远距离控制，工作方便，在现代汽车上广泛采用。

3．起动机按传动机构的啮合方式分类

按传动机构的啮合方式分类可分为以下几种。____________________________________

____。

① 强制啮合式起动机。__________、__________、__________。起动机不工作时，起动机的__________________________。接通起动开关起动发动机时，在磁极磁力的作用下，整个电枢连同驱动齿轮移动与磁极对齐的同时，驱动齿轮与飞轮环齿啮合。发动机起动后，__________，__________，电枢轴连同驱动轮退回，脱离与飞轮的啮合。

② 电枢移动式起动机。结构较复杂，多用在大功率柴油车上。接通点火开关起动发动机时，驱动齿轮靠杠杆机构的作用沿电枢轴移出与飞轮环齿啮合，使发动机起动；发动机起动后，切断起动开关，外力的作用消除后，驱动齿轮在复位弹簧的作用下退回，脱离与飞轮环齿的啮合。

③ 齿轮移动式起动机。由电磁开关推动啮合杆。

④ 减速式起动机。____。

二、起动机的构造

（一）起动机的组成

起动机一般由三部分组成（见图 2-1）。

① 直流电动机，包括机壳、__________、__________（转子）、换向器、电刷等。其作用是____。

② 传动机构，包括单向离合器、驱动齿轮、拨叉等。其作用是____________________

____

____。

③ 控制机构，包括保持线圈、吸引线圈、触点、接线柱、接触盘等，用来接通和切断起动机与蓄电池之间的电路。在有些汽车上，它还具有接入和隔除点火线圈附加电阻的作用。

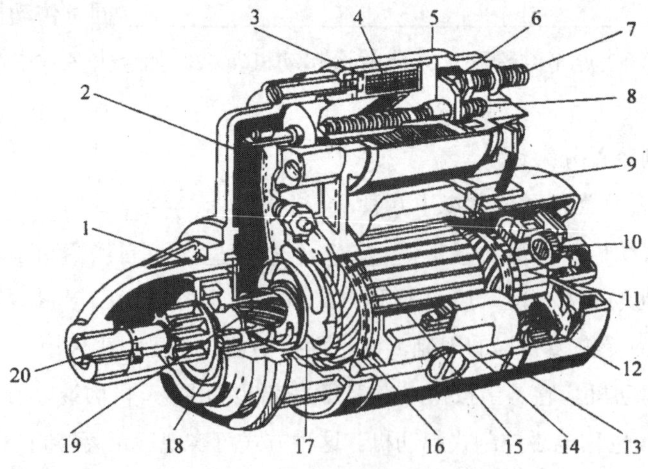

图 2-1　起动机结构图

1—________；2—拨叉；3—________；4—________；5—电磁开关；6—触点；7—________；8—接触盘；9—________；10—电刷弹簧；11—________；12—________；13—________；14—磁极；15—电枢；16—励磁绕组；17—移动齿轮；18—________；19—电枢轴；20—驱动齿轮

（二）直流电动机

1．直流电动机的组成

（1）端盖及壳体

端盖分为前、后两个。后端盖一般用铝合金或钢板压制而成，其上装有 4 个电刷架。壳体由钢管制成，其功能是安装磁极和固定机件。磁极固定在壳体内壁上。壳体上有一个接线端子或一根电缆引线，对于电磁式电动机，该端子或引线与励磁绕组的一端相连。

（2）磁极

磁极也叫定子，其作用是____，励磁绕组套装在铁心上。起动机有 4 个磁极。励磁绕组用矩形裸铜线绕制，并与电枢绕组串联。4 个励磁绕组的连接方式有两种，一种是 4 个绕组串联后再与电枢绕组串联；另一种是两个绕组先串联后并联，然后与电枢绕组串联，目前采用后一种连接方式的比较多。无论采用哪一种连接方式，其励磁绕组通电产生的磁极必须 N、S 极相间排列。

（3）电枢

电枢总成如图 2-2 所示，主要是由____________________________组成，电枢的主要功能是产生电磁转矩。

电枢铁芯由相互绝缘的____________________________而成，其圆周上制有安放电枢绕组的槽，花键固装在电枢轴上。为了获得较大的电磁转矩，流经电枢绕组的电流很大，一般均为______________，因此，电枢绕组采用横截面积较大的矩形或圆形裸铜线绕制。

（4）换向器

换向器的功能是____。

换向器由截面呈燕尾形的铜片叠合而成，如图 2-3 所示。燕尾形铜片称为换向片，换向片与换向片之间及换向片与轴套、压环之间均用云母绝缘。

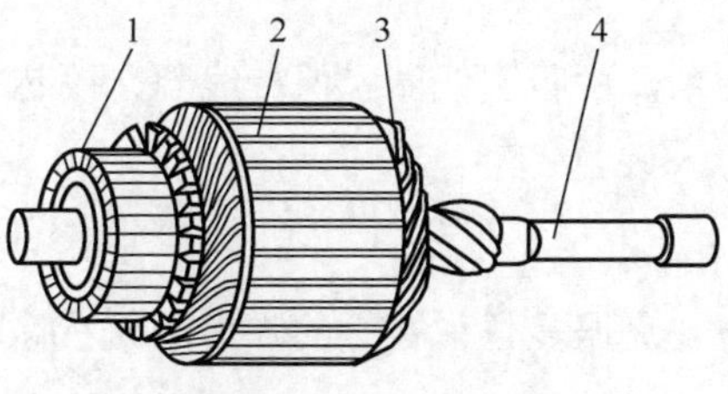

图 2-2 电枢总成

1—_______；2—_______；3—_______；4—电枢

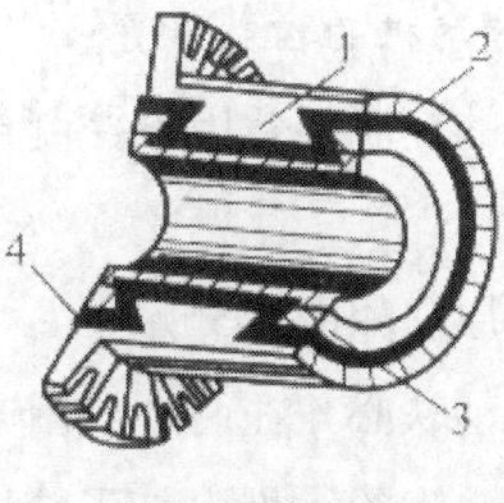

图 2-3 换向器

1—铜片；2—_______；3—_______；4—_______

（5）电刷组件

电刷组件的功用是______________，主要由电刷、电刷架和电刷弹簧组成。电刷用铜粉与石墨粉压制而成。它们的质量之比为 4∶1，加入较多铜粉的目的是提高导电性能和耐磨性能。电刷安装在____________，借弹簧压力紧压在换向器上，电刷弹簧的压力一般为 12～15N。电刷架有 4 个，固定在支架或端盖上，直接固定在支架或端盖上的电刷架称为搭铁电刷架或负电刷架，安装在_________________________称为负电刷；用绝缘垫片将电刷架绝缘固定在电刷支架或端盖上的电刷架称为正电刷架，安装在两个正电刷架内的电刷称为正电刷。

2．直流电动机的工作原理

直流电动机是________________的设备，它是根据带电导体在磁场中受到电磁力作用而运动的原理制成的。其工作原理如图 2-4 所示。

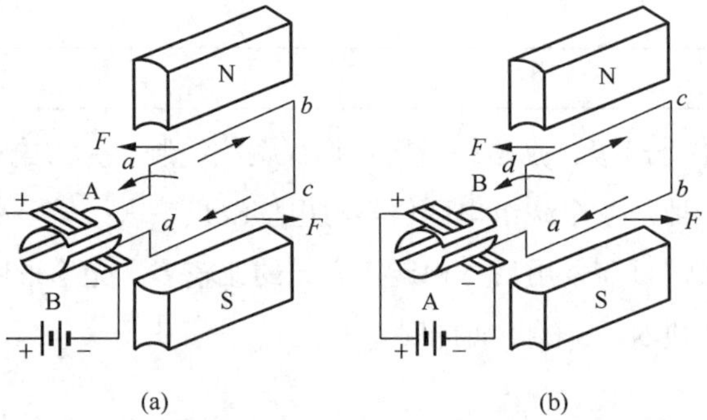

图 2-4　直流电动机的工作原理

直流电动机的工作原理如下。

电动机的电刷与直流电源相接，电流由___________________________，从换向片 B 和负电刷流出，如图 2-4（a）所示。此时绕组中的电流方向为 $a \rightarrow d$，按左手定则可确定导线 *ab* 受到向左的电磁力 *F*，导线 *cd* 受到向右的电磁力 *F*，于是整个线圈受到逆时针方向的转矩而转动。当电枢转过半周时，如图 2-4（b）所示，___________________________，换向片 A 与负电刷相接触，线圈中电流的方向改变为由____________，因而在 N 极和 S 极下面导体中的电流方向保持不变，电磁转矩的方向也就____________，使电枢仍按原来的逆时针方向继续转动。

由于一个线圈所产生的转矩太小，且转速不稳定，因此实际上，电动机的电枢上绕有很多线圈，换向片数也随线圈的增多而相应增加。

（三）起动机的控制装置

起动机的控制装置用来控制直流电动机的主电路通断，由吸引线圈、保持线圈、铁芯、接触盘等组成。

其工作原理如图 2-5 所示。

此时活动铁心 4 在两个线圈电磁吸力的共同作用下，克服复位弹簧 2 的弹力而向右移动，带动拨叉 3 将小齿轮 1 推出与飞轮齿环逐渐啮合。这时由于吸引线圈的电流流经励磁绕组和电枢绕组，产生一定的电磁转矩，所以小齿轮是在缓慢旋转的过程中啮合的。当齿轮啮合好后，____，于是蓄电池的大电流流经起动机的电枢和励磁绕组，产生正常的转矩，______________，______________。与此同时，吸引线圈被短路，齿轮的啮合位置由________________来保持。

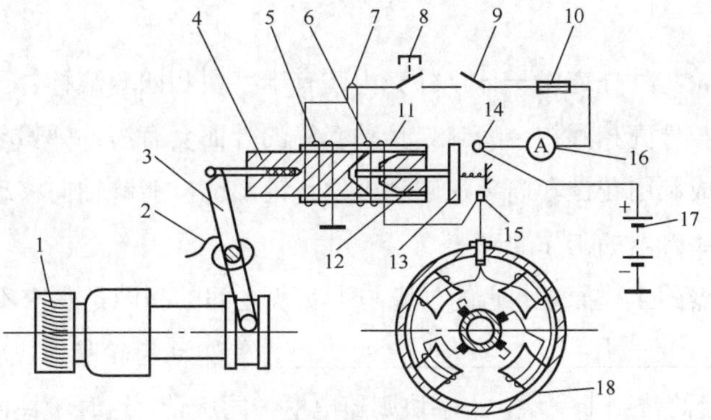

图 2-5 起动机的工作原理图（一）

1—________；2—________；3—________；4—活动铁芯；5—________；6—________；7—________；8—起动按钮；9—________；10—熔丝；11—黄铜套；12—搭铁；13—接触盘；14、15—接线柱；16—电流表；17—________；18—________

当发动机起动后，松开起动按钮瞬间，____。

（1）电磁开关的结构组成

电磁开关用于控制起动机工作。在起动时，它使起动机驱动齿轮与发动机飞轮啮合，同时接通电动机电路，使得电动机产生电磁转矩，并通过传动机构带动发动机转动。起动机电磁开关主要由____________、____________、____________及____________等组成。

（2）电磁开关的工作原理

____。

（四）起动机的传动机构

（1）单向离合器的结构

起动机的传动机构实际上是一个单向离合器。单向离合器的作用是____。因为飞轮与起动小齿轮的传动比为 1∶10～1∶15，发动机起动后，如果不及时将起动机与发动机分离，则起动机的电枢就会被发动机曲轴带动，以 1000～1500r/min 的高速旋转，导致电枢线圈从电枢槽中甩出，造成“飞车”事故，而使电枢损坏。

离合器有滚柱式、弹簧式和摩擦片式三种。滚柱式和弹簧式离合器一般应用于汽油机汽车；

摩擦片式离合器可以传递较大转矩，一般应用于柴油机汽车。目前国内外汽车起动机使用最多的是滚柱式单向离合器。

起动机驱动小齿轮与外壳连成一体，外壳内装有十字块和四套滚柱、压帽和弹簧，十字块与花键套筒一体，护盖与外壳相互扣合密封。传动套筒的外面套有缓冲弹簧与移动衬套，并由卡环锁住。整个离合器总成利用花键套筒装在起动机的花键部位，能够轴向移动，也可以随轴转动。

（2）滚柱式单向离合器的工作原理

滚柱式单向离合器的工作原理：它的外壳与十字块之间的间隙是宽窄不等的（呈楔形槽）。发动机起动时，________________，________________，使驱动齿轮啮入飞轮齿环。当起动机电枢旋转时，转矩由传动套筒传到十字块，十字块则随电枢一同旋转，这时滚柱便滚入楔形槽的窄处被卡死，于是转矩传给驱动齿轮，带动飞轮使发动机起动。当发动机起动后，________________，速度大于十字块时，滚柱滚入楔形槽的宽处而打滑，这样转矩就不能从驱动齿轮传给起动机电枢，从而防止了电枢超速“飞车”的危险。

滚柱式单向离合器结构简单紧凑，因此在中、小功率的起动机中得到广泛采用。但它在传递较大转矩时容易卡住，因此，较大功率的起动机一般采用弹簧式和摩擦片式单向离合器。

三、起动机的工作原理

各型汽车起动系统的工作过程有所不同，但差别不大。下面以五菱小旋风型汽车起动系统电路为例进行讲解说明。

工作原理如图 2-6 所示。当合上起动总开关 9，按下起动按钮 8 时，吸引线圈 6 保持线圈 5 的电路接通，其电路如下：

____

____

____

接线柱 7 { 保持线圈 5→____
　　　　　 吸引线圈 6→____

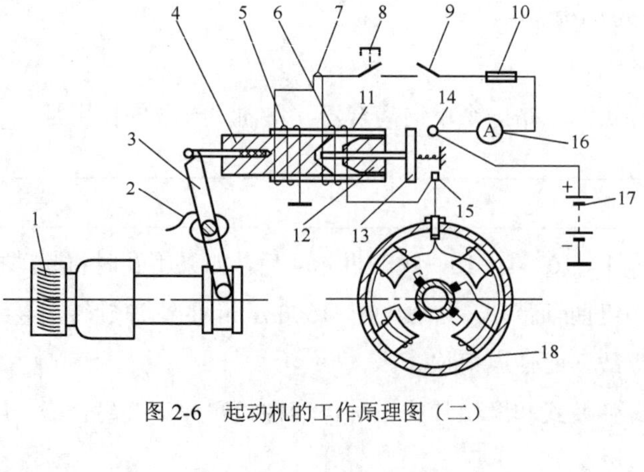

图 2-6　起动机的工作原理图（二）

此时活动铁芯 4 在两个线圈电磁吸力的共同作用下，克服复位弹簧 2 的弹力而向右移动，带动____逐渐啮合。这时由于吸引线圈的电流流经励磁绕组和电枢绕组，产生一定的电磁转矩，所以小齿轮是在缓慢旋转的过程中啮合的。当齿轮啮合好后，接触盘 13 将接线柱 14、15 刚好接通，于是蓄电池的大电流流经起动机的电枢和励磁绕组，产生正常的转矩，带动发动机旋转，起动发动机。与此同时，吸引线圈被短路，齿轮的啮合位置由保持线圈 5 的吸力来保持。

当发动机起动后，松开起动按钮瞬间，____，由于此时两线圈所产生的磁通方向相反，磁力相互抵消，于是活动铁芯在复位弹簧的作用下回至原位，____。

四、减速式起动机

减速式起动机与普通带电磁开关的强制啮合式起动机没有本质的区别，只是在起动机电枢和驱动齿轮之间增加________________________________，因此可将起动机电枢的工作转速设计得较高，然后通过减速机构使驱动齿轮的转速降低并使转矩增加。图 2-7 所示为减速式起动机的结构，其特点是电动机为小型、高速串励式直流电动机。

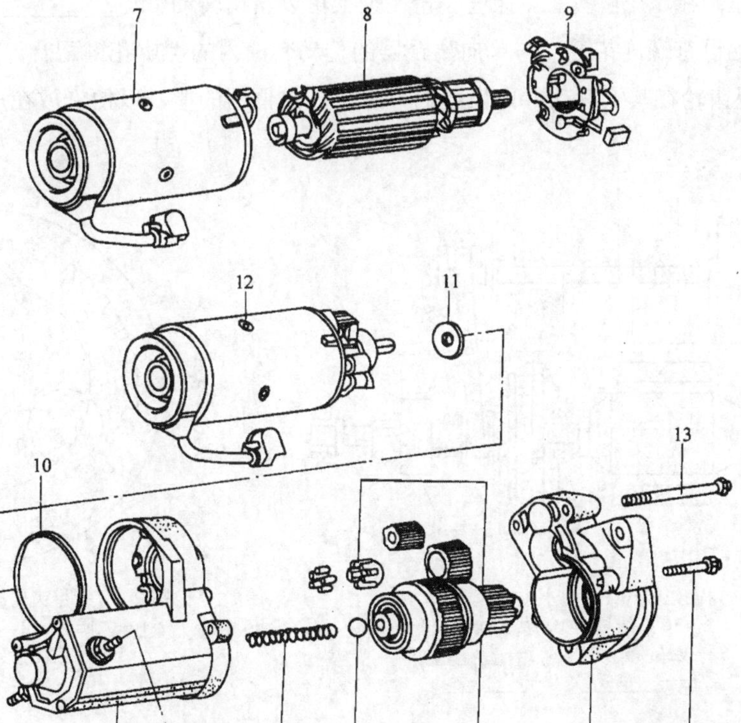

图 2-7 减速式起动机的结构

1—__________；2—__________；3—钢球；4—回位弹簧；5—__________；6—螺栓；7—__________；8—电枢；9—__________；10—橡胶圈；11—垫圈；12—本体；13—拉紧螺栓

（1）动力输出部分由________________和______________两部分组成。电枢轴和传动轴两端用滚珠轴承支撑使负荷分布均匀，不易出现电枢轴弯曲现象。

（2）采用了减速装置，转子与起动齿轮之间安装有减速齿轮，起动电动机传递给起动齿轮的扭矩增大。利用电磁开关接通的同时，__________________________伸出与飞轮啮合。

（3）减速起动机的体积和质量大约是传统起动机的一半，节省原材料，同时拆装修理方便。

（4）减速起动机的磁极对数与传统的起动机一样，但励磁绕组常采用小导线多根并联方法，电枢绕组的绕法虽与传统起动机的原理相同，但制造工艺简单。

五、永磁减速式起动机

永磁减速式起动机的磁极由铁氧体或钕铁硼永磁材料制成，由于取消了励磁绕组，起动机的结构简单，体积、质量也相应减小。

北京切诺基吉普车上装用的 12VDW1.4 型起动机即是永磁减速式起动机，其原理简图如图 2-8 所示。减速装置为_____________，它以电枢轴齿轮为太阳轮，另有 3 个行星齿轮及 1 个固定内齿圈，其啮合关系如图 2-9 所示。太阳轮压装在电枢轴上与_____________同时啮合；3 个行星齿轮的轴压装在 1 个圆盘上，行星齿轮在轴上可以自由转动。该_____________做成一体，驱动齿轮轴一端设有螺旋花键，与单向离合器的传动套筒内的螺旋花键配合。内齿圈由塑料铸塑而成，3 个行星齿轮在其上滚动，内齿圈的外缘设有定位用的槽，以便嵌放在后端盖上。

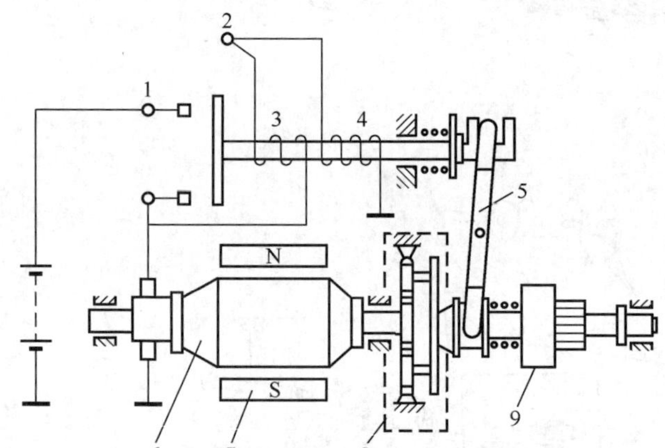

图 2-8　12VDW1.4 型永磁减速式起动机
1—30 接线柱；2—50 接线柱；3—吸引线圈；4—________；
5—拨叉；6—电枢；7—________；
8—________；9—________；

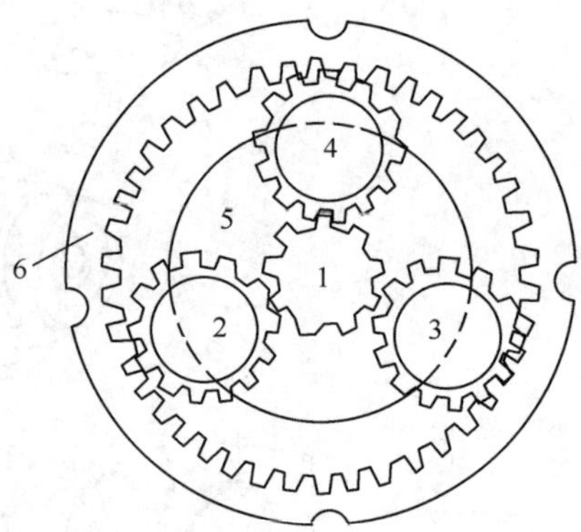

图 2-9　行星齿轮减速装置的啮合关系
1—太阳轮；2、3、4—行星齿轮；
5—行星轮支架；6—内齿圈

六、起动系统的安全保护

1．安全保护装置的功用

为保证起动系统安全可靠地工作，在进口汽车的部分车型上设有安全保护（也称误操作保护）装置，其功用如下。

（1）当发动机已经正常起动后，如果________________，即未及时切断起动电路，起动机的驱动齿轮将不能及时与发动机飞轮分离，虽然有单向离合器的作用，发动机不会________________，但发动机飞轮将带动起动机的驱动齿轮以极高的速度旋转，这将会造成单向离合器的滑磨，加速磨损。设置安全保护装置后，即使没有及时松开起动开关，也可及时切断起动机电路，避免上述现象的发生。

（2）在发动机正常运转时，若误接通起动开关（或起动按钮），起动机驱动齿轮将在操纵装置作用下与飞轮轮齿相撞而损坏，故为此设置________________，避免驱动齿轮与飞轮碰撞。

2．起动机保护起动继电器

发动机起动后，若未及时断开起动开关，就会造成单向离合器长时间滑磨而加速损坏；若起动后又误将起动开关接通，则起动机工作，将会造成起动机驱动齿轮与高速旋转的飞轮齿环撞击，从而加速齿轮损坏。这两种错误操作在实际中很难避免。为解决这个问题，在起动电路中采用了驱动保护电路。如解放CA1091、东风EQ1090汽车采用了________________。起动继电器有一对常开触点，充电指示继电器有一对常闭触点，其线圈由发电机中性点供电，________________。发动机未发动之前，由于发电机中性点无电压，充电指示继电器触点闭合，经起动继电器的电路仅由点火开关控制；发动机起动后，发电机中性点电压达到规定值，________________，从而将起动继电器切断，使起动继电器触点不再闭合，起动机停止工作，从而实现了对起动机的保护。

① 电磁继电器控制的安全保护装置。它是将起动继电器（或电磁开关）的线圈经充电指示灯继电器（或磁场继电器）搭铁构成保护电路，如三菱、日野等车型。

② 电子控制继电器的安全保护装置。即通过电子电路控制的安全保护电路，如奇瑞、日产等车型。

任务实施

一、起动机的拆卸

（1）分解前对起动机外部进行清洁。

（2）拆下电磁开关上的____________，如图2-10所示。

（3）拆下固定电磁开关的螺母，取下____________，如图2-11所示。

图2-10　拆接线柱

图2-11　拆电磁开关

（4）拧下后端盖的两个固定螺栓，取下______________________________，如图 2-12 所示。

（5）取出绝缘垫片，拿出______________________________，如图 2-13 所示。

图 2-12　拆后端盖

图 2-13　取出电刷、弹簧与电刷架

（6）取出定子总成，如图 2-14 所示。

（7）将转子总成与拨叉一起取出，如图 2-15 所示。

图 2-14　取定子总成

图 2-15　取转子总成与拨叉

二、起动机零部件的检测

1．转子总成的检查

（1）转子线圈断路现象的检查，如图 2-16 所示。

用万用表蜂鸣挡位测量转子线圈导通情况。将两表笔接触到换向器片上，有蜂鸣声响，表示转子线圈良好。如______________，______________有断路现象，应更换。

（2）转子线圈的绝缘情况检查，如图 2-17 所示。

图 2-16　测量转子线圈导通情况

图 2-17　检查转子线圈的绝缘情况

用万用表蜂鸣挡测量转子线圈的绝缘情况。将一表笔接触换向器片，另一表笔接触转子轴；显示为“1”，表示______________________。如有数值显示（有蜂鸣声响），表示转子线圈有搭铁故障，应更换。

（3）换向器的检查。

检查换向器表面有无________________，若有轻微的烧蚀和失圆情况，可以用细砂纸打磨。若有严重的烧蚀和失圆情况，应更换。

（4）转子轴弯曲度的检查。

检查转子总成表面有无__________，若有摩擦痕迹，表明转子轴弯曲或轴承磨损，应更换。

2．定子总成的检查

（1）定子总成两对电刷的导通检查。

如图 2-18 所示，用万用表蜂鸣挡，测量________________，应相对导通，相邻不通。反之，说明有断路或有搭铁故障，应维修或更换。

（2）定子线圈电阻的检查。

如图 2-19 所示，用万用表最小挡，将一表笔__________，另一表笔__________；若电阻值为 0.3Ω左右，说明定子线圈电阻正常；如电阻值为“1”，说明定子线圈断路，应更换。

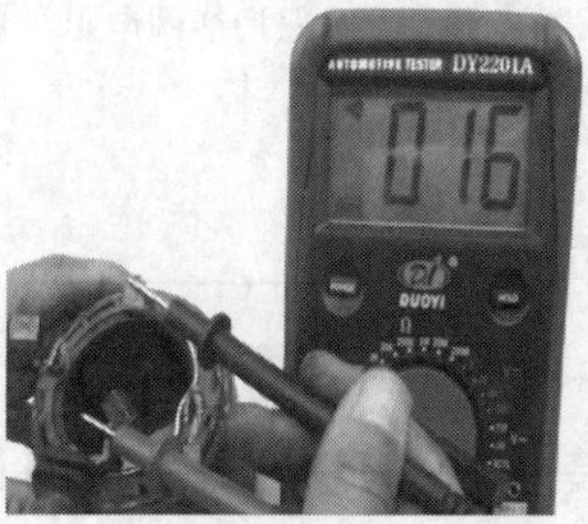

图 2-18　测量电刷的导通情况

图 2-19　测量定子线圈电阻

（3）电刷的检查。

用卡尺检查电刷长度，电刷长度应不低于新电刷长度的 2/3（国产起动机新电刷长度一般为 14mm），否则应予以更换。电刷与换向器的接触面积应大于 75%以上，否则应研磨电刷。电刷在电刷架内应________，无________现象。

（4）单向离合器的打滑检查。

如图 2-20 所示，将单向离合器夹紧在虎钳上，顺电枢旋转方向扳动扭力扳手，应能承受 25.2N·m 扭力的而不打滑。____________，无卡滞现象。

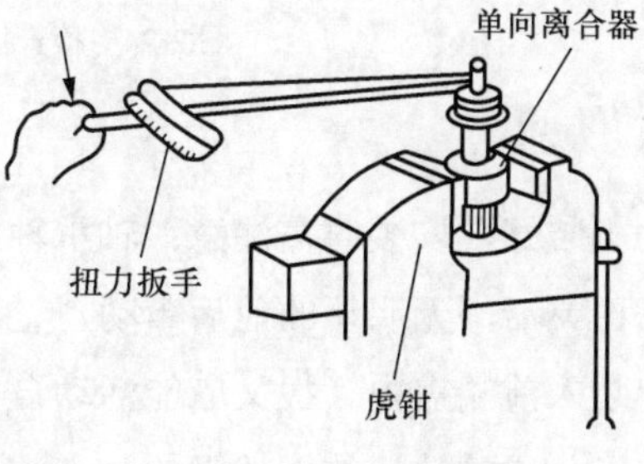

图 2-20　离合器打滑检查

（5）电磁开关的检查。

① 吸引线圈电阻的检查。如图 2-21 所示，用万用表最小挡测量吸引线圈的电阻值，____________________，____________________。标准吸引线圈的电阻值为 0.5～0.8Ω。若电阻值小于标准值或无穷大，说明吸引线圈有短路或有断路故障，需要更换。

② 保持线圈检查。如图 2-22 所示，用万用表最小挡测量保持线圈的电阻值，一表笔接触开关接线柱，另一表笔搭铁。标准保持线圈的电阻值为____________。若电阻值小于标准值或无穷大，说明保持线圈有短路或有断路故障，需要更换。

图 2-21　测量吸引线圈电阻

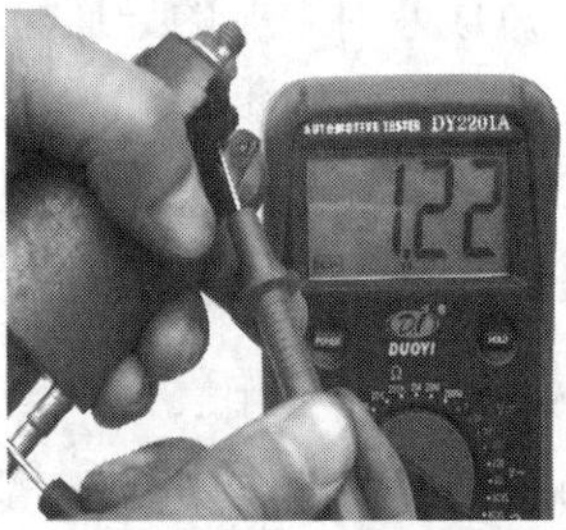

图 2-22　测量保持线圈电阻

（6）轴承检查。

如图 2-23 所示，将转子轴分别放入前后端盖，径向晃动，应无____。

（7）如图 2-24 所示，检查壳体、拨叉、电刷架、绝缘垫应______________________；电刷压紧弹簧，弹力应良好。

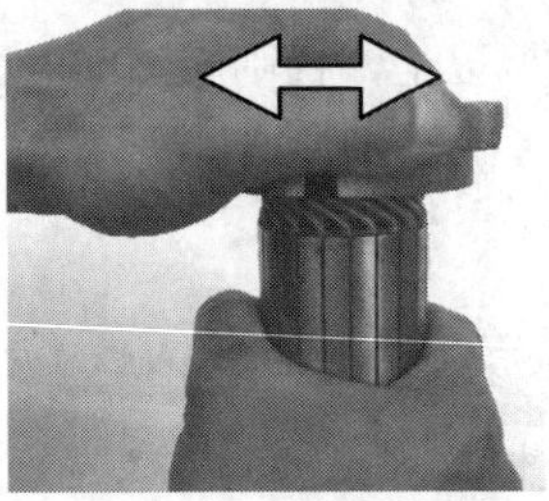

图 2-23　检查轴承

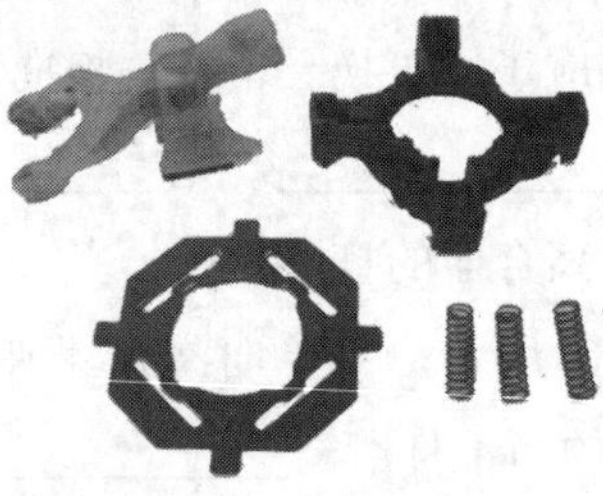

图 2-24　检查拨叉、电刷架、绝缘垫等零部件

三、起动机的安装

按照拆卸相反的顺序将起动机装好，安装时需注意：轴承轴颈等部位内应加入干净润滑脂；装好起动机后，起动运转时应平稳灵活，无明显的前后窜动，无异响。

（1）将拨叉与转子总成一起装入前端盖内（拨叉应能活动自如），如图 2-25 所示。

（2）安装定子总成（要将定子总成的缺口放入拨叉的凸点），如图 2-26 所示。

图 2-25 装拨叉和转子总成

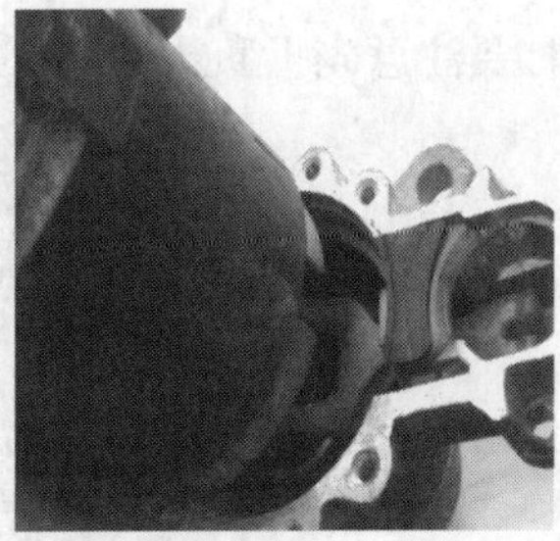

图 2-26 装定子总成

（3）装好电刷架后，放入电刷，安装电刷压紧弹簧（________________，安装压紧弹簧时小心弹簧飞出），如图 2-27 所示。

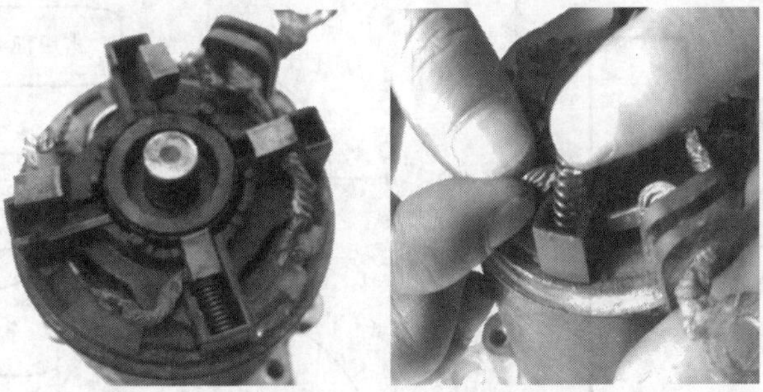

图 2-27 装电刷、弹簧

（4）安装好绝缘垫片，盖上后端盖，拧紧长螺栓（应将________________，对正前后端盖上的螺孔，长螺栓的拧紧力要适中），如图 2-28 所示。

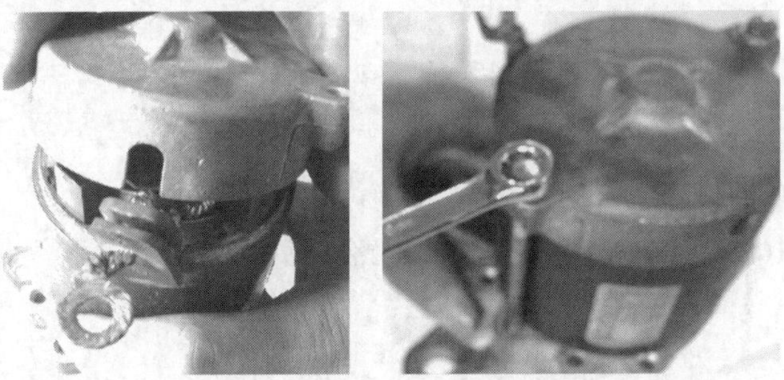

图 2-28 盖上后端盖、拧紧长螺栓

（5）装入电磁开关，拧紧电磁开关的螺母；接好直流电机的连接线，并紧固螺母（将拉杆装入拨叉槽内，电机接线柱朝下），如图 2-29 所示。

四、起动机装复后的空载试验

① 如图 2-30 所示，先把________________________。

② 把________________（当负极碰到起动机的外壳时有火花产生，说明起动机有短路现象）。

③ 将蓄电池“+”接线柱与开关接线柱短接，________________________。

④ 拆线时要注意先拆负极。

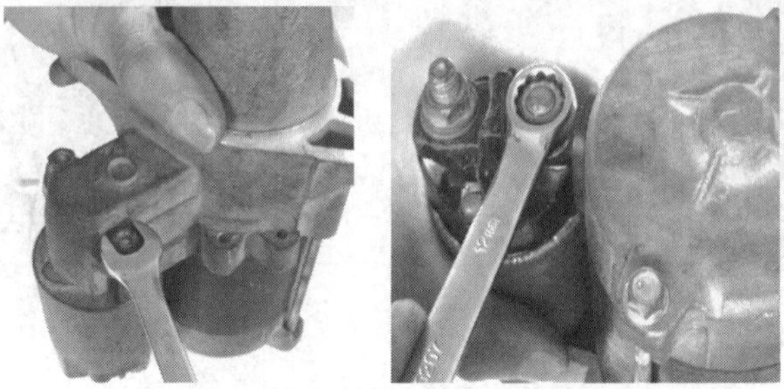

图 2-29　装电磁开关、紧固接线柱

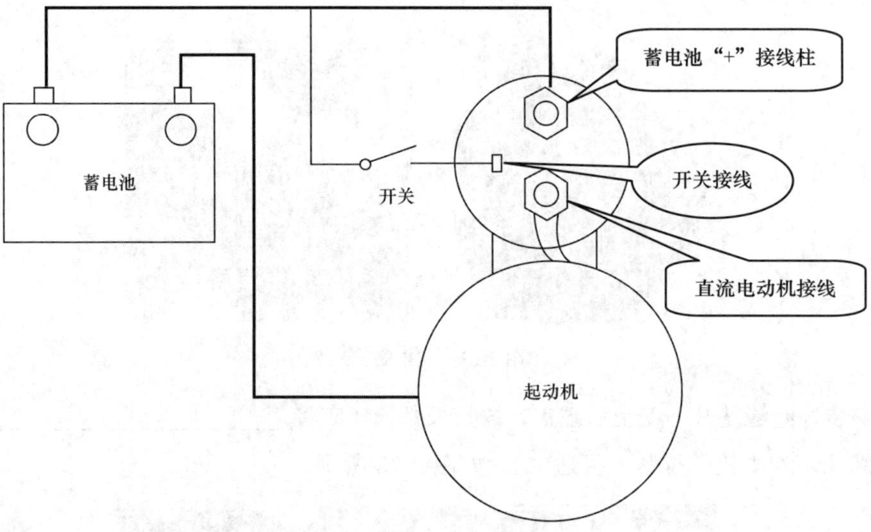

图 2-30　空载试验图

拓展训练

一、汽车起动系统控制电路

1．解放红塔 CA1020 型汽车起动系统控制电路（见图 2-31）

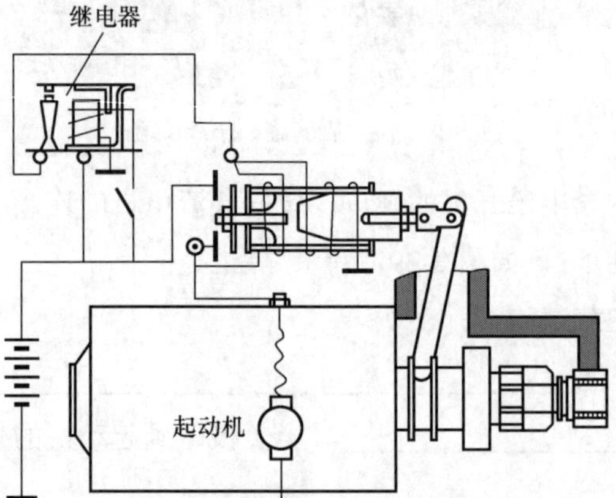

图 2-31　CA1020 型汽车起动系统控制电路图

当把点火开关拧到 ST 挡时，接通起动机继电器电源。电流通过继电器磁化线圈，使铁芯磁化，吸下活动触点，触点闭合，接通开关电路。在吸引线圈和保持线圈电磁力的作用下，活动铁芯被吸入，带动拨叉拨动驱动齿轮与发动机飞轮齿环啮合，同时活动铁芯推动推杆移动，使接触盘将起动机主电路接通，于是蓄电池便向起动机激磁绕组和电枢绕组大电流放电，产生正常的转矩，带动曲轴旋转起动发动机。当发动机起动后，________________________

____。

2．五菱小旋风汽车起动系统控制电路图（见图 2-32）

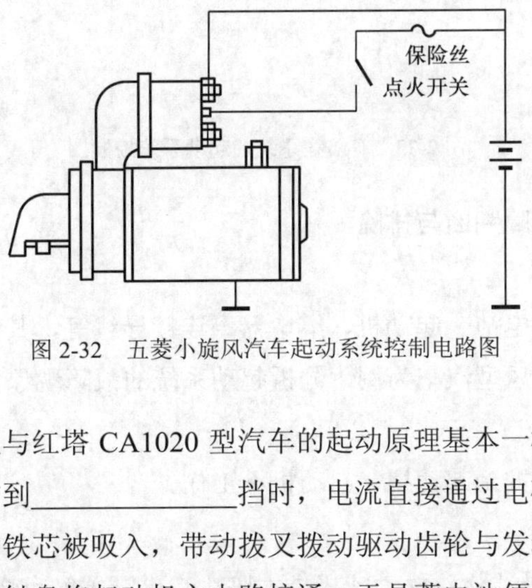

图 2-32　五菱小旋风汽车起动系统控制电路图

五菱小旋风的起动原理与红塔 CA1020 型汽车的起动原理基本一样，不同的是，它没有起动机继电器。当把点火开关拧到________挡时，电流直接通过电磁开关，在吸引线圈和保持线圈电磁力的作用下，活动铁芯被吸入，带动拨叉拨动驱动齿轮与发动机飞轮齿环啮合，同时活动铁芯推动推杆移动，使接触盘将起动机主电路接通，于是蓄电池便向起动机激磁绕组和电枢绕组大电流放电，产生正常的转矩，带动曲轴旋转，起动发动机。

3．有防盗系统的起动系统控制图（见图 2-33）

有防盗系统的起动系统工作原理如下。

当把点火开关拧到 ON 挡时，电流分两路走，第一路电流直接流到电脑板，第二路通过起动断路继电器流经防盗报警器，________________________

____。

当电流通过断路继电器到防盗报警器时，如果防盗报警器不工作（没有解码），断路继电器由于磁场作用将开关打开，起动机则没有电流通过，汽车无法起动。

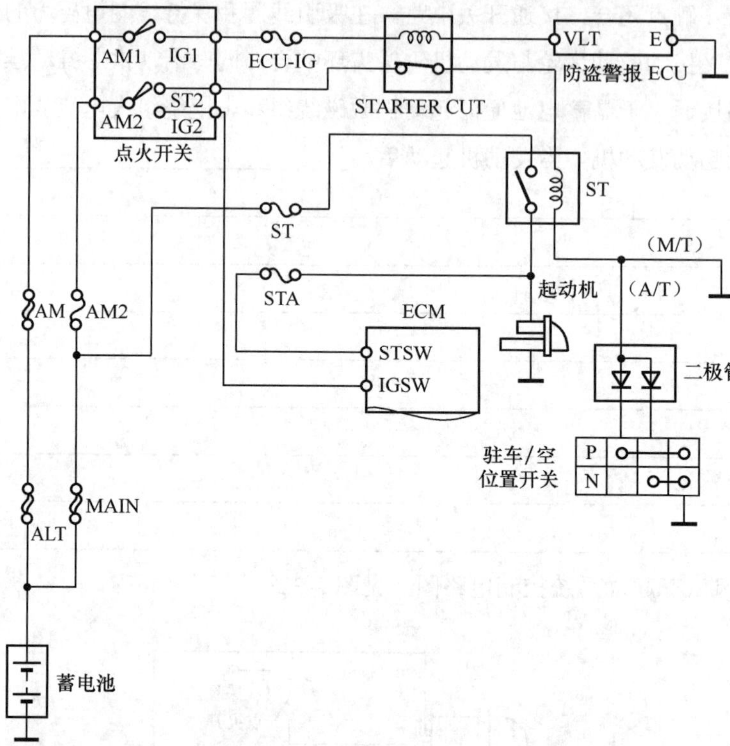

图 2-33　有防盗系统的起动系统控制图

二、汽车起动系统的故障判断与排除

1．起动机不转动

汽车的起动系统包括蓄电池、起动机、继电器、连接导线等，其故障有电气方面的，也有机械方面的。下面以五菱小旋风型汽车为例，分析起动系统的故障现象和原因。

（1）故障现象

起动时，点火钥匙开关拧到起动挡，起动机不工作。

（2）故障原因

① 蓄电池亏电严重，导线接头松动或极柱太脏，点火开关触点烧蚀。

② 电磁开关中的吸引线圈____________；起动机电磁开关触点__________________。

③ 定子线圈或转子线圈有断路、短路或搭铁故障。

④ 电刷在电刷架内____。

⑤ 保险丝烧断。

（3）故障排除思路

① 检查蓄电池充电情况和导线、保险丝连接情况，如蓄电池存电充足、接线良好，则故障出在______________。

② 用起子连接起动机的两接线柱，若起动机不转动，则故障在起动机内部。当起子短接时无火花，表明起动机内部有断路；若有强烈火花，起动机仍不转动，则表明起动机内部有短路或搭铁故障，应拆下起动机进一步检修。

③ 用起子连接起动机的两接线柱时，若起动机空转正常，则故障出在________________。

2．起动机运转无力

（1）故障现象

蓄电池存电良好，线路也正常，但起动机工作时运转无力，转速过低，不能使发动机着车。

（2）故障原因

① ____。

② 电刷磨损过多或电刷弹簧压力不足使电刷接触不良。

③ ____。

④ 起动机开关触点烧蚀。

⑤ ____。

（3）故障排除思路

从汽车上拆下起动机，解体后进行常规检测，逐一排除。

3．起动机驱动齿轮周期地敲击飞轮，发出“咯咯”声

（1）故障现象

起动时，起动机发出“咯咯”声后便停止工作。

（2）故障原因

____。

（3）故障排除思路

____。

4．起动机空转

（1）故障现象

起动时，起动机转动，但发动机不转。

（2）故障原因

① ____。

② 拨叉断裂或损坏。

（3）故障排除思路

① ____。

② ____。

5．单向离合器不回位

（1）故障现象

发动机起动后，起动机驱动齿轮不与飞轮啮合。

（2）故障原因

①____。

② 复位弹簧失效。

③____。

（3）故障排除思路

① 检查控制电路。

② 从汽车上拆下起动机，解体后进行常规检测。

6．汽车综合排故

（1）故障现象

驾驶员反映该车起动机有时转动无力。在冷车时容易出现此故障，其他大多数情况下，起动机工作正常。一天，驾驶员将点火开关转至 START 位置，只听见“嗒嗒”几声，起动机不能转动。

（2）故障原因

① 蓄电池有故障，蓄电池自身亏电或发电机发电量不足。

②____。

③____。

（3）检测步骤

①____。

② 拔下起动机电磁开关插头，将导线一端接在电磁开关接线柱上，另一端接在蓄电池正极上。若起动机转动正常，则故障出在点火开关至起动机电磁开关间；若起动机不转或转动无力，则故障出在起动机上，经过测试，起动机转动无力。

③____。

④ 拆下起动机检查，起动机内部正常。将起动机夹在台虎钳上，对起动机进行无负荷测试。用导线将起动机外壳接至蓄电池负极，用粗导线将蓄电池正极和起动机“+B”端子接在一起，用导线短接蓄电池正极和起动机电磁开关，起动机立即转动起来，转速 3 000r/min，听声音，起动机转动无力。

⑤ 经分析故障出现在起动机线路上。起动机“+B”线路没问题，那么车身搭铁的嫌疑就比较大了，注意到车架与自动变速器间有一条粗导线。经检查发现粗导线与车架连接处螺栓松动，将此处螺栓紧固后，故障排除。

该车由于起动机搭铁线松动，造成起动时的起动电流减小，从而使起动机转动无力。

读一读

一、汽车起动机的发展趋势

随着科学技术日新月异的发展，尤其是各种高性能原材料的不断出现和应用，CAD、CAN 技术、新加工技术、自动控制技术等的广泛应用和不断提高，汽车工业将主要以节能、环保为主题，同时在可靠、安全、舒适等方面出现一次大的技术变革和突破，汽车起动机将向下列几个方面发展。

① 随着微型车、重型车比重的扩大，起动机也会在＜1.0kW 和＞9.0kW 的功率等级上有所发展。

② 随着低油耗、低污染现代柴油机应用领域的扩大，在中、轻型车（尤其是在轿车）上的大量采用，要求起动机必须更进一步优化设计，应用新材料/新结构、提高功率密度，在不增加体积的前提下增大输出功率和输出转矩。

③ 高磁性能。高减速比的永磁减速性起动机采用稀土 R-Fe-B 系永磁材料磁极，减速比为 5 以上或更高的行星齿轮减速输出型起动机将成为主攻的目标。

④ 起动机、发电机的一体化技术。

二、一键启动系统

汽车智能一键式起动无钥匙系统简称“一键启动”，是目前市场上比较火的汽车防盗和导航装置，兼具智能感应开启车门功能和一键式按钮起动发动机功能。

一键启动最早源于宝马 7 系，是当仁不让的豪华车型才配得上的配置。如今，随着汽车消费潮流的发展和高端科技向普通家用轿车延伸的趋势，越来越多的家用轿车也用上了这一科技配置。其实，一键启动不仅免去了处处带着钥匙的牵绊，更是商务人士和时尚潮人走在时代前沿的标志之一。

1．无钥匙起动系统类型

其按照使用方法可分为以下两类。

（1）按键式

点火按钮位于中控台伸手可及之处，因此也称“一键启动”（见图 2-34），例如宝马、奔驰等。

（2）旋钮式

一般就位于原始的钥匙插口处，但是无需插车钥匙，直接拧动旋钮（见图 2-35）即可起动，例如日产、马自达等。

图 2-34 按键式

图 2-35 旋钮式

2．一键启动操作说明

① 打开中控锁、开车门进入车内起动：开关按键上的“ENGINE START/STOP”字样会发蓝色光。

② 发动机在熄火状态下不踩刹车：a. 短按一次按键，按键上的LED灯会发红光，这时进入ACC状态；再按一次按键LED灯会发蓝光，这时进入ON状态；再按一次按键LED灯熄灭，进入OFF状态。短按按键时，状态会在OFF—ACC—ON—OFF之间循环。b. 在任何状态下长按按键3s以上发动机起动，这时LED灯发紫色光。

③ 发动机在熄火状态下踩刹车：在任何状态下按按键发动机马上起动，这时LED灯发紫色光。

④ 发动机在起动状态下不踩刹车：长按按键3s以上发动机熄火，LED灯熄灭。

⑤ 发动机在起动状态下踩刹车：短按按键发动机马上熄火，LED灯熄灭。

⑥ 打开车门出去后，关中控锁“ENGINE START/STOP”字样的光会熄灭。

3．一键启动的主要功能

（1）自动感应关锁

当车主熄火下车离开后，只需关好车门，车门锁会自动锁上并进入防盗状态。

（2）未关门提示

离开时如侧门或尾门任一车门未锁好，车辆会自动发出警示声，提醒关好车门，避免未关好车门而造成车辆受损或车内财务丢失等损失。

（3）解除防盗警戒

在防盗警戒中，短按解除键一下，车门开锁，喇叭“滴”两声，静音；防盗喇叭不鸣叫，车灯闪两次。若防盗解除后28s内无任何触发，主机将自动回防，或者进入启动按钮密码启动模式。

（4）寻车

任何状态下，长按防盗键，喇叭鸣叫，车灯闪动，10s后退出寻车功能。

（5）防抢

当开关处于ACC或ON状态时，长按防盗键3s，车灯一直闪，喇叭长鸣，30s后引擎将自动锁定，主机周期报警。只能按解除键解除。

（6）门未关好提示

① 防盗系统在设定警戒后，车辆一直受到振动触发，防盗系统会延时进入警戒状态，直到振动触发停止后，3s内自动进入防盗警戒。

② 防盗系统在设定警戒后，如车门未关好，10s后车灯闪三次，喇叭叫三声提示车主门未关好，如车门还没关好，3s后会紧急报警。

（7）中控门锁自动化

汽车行驶12s后踩动脚刹两次，中控锁自动关锁；当停车熄火时，中控门锁自动开锁。在行驶中按防盗键，中控锁关锁；按解除键，中控锁开锁。

（8）状态保存

失电前，防盗报警系统处于何种状态，重新获电 5s 后，防盗系统会自动恢复到失电前的状态。

（9）灯警示暂停车

在行驶中，打开车门，车灯立即闪烁 8 次提醒后面来车。

综合故障排除

刘老板去外地出差回来，发现自己的别克威朗轿车无法起动，每次起动时都能听到起动机转动的声音，但不能使发动机运转，请根据所学知识分析其故障发生的原因并制定解决方案，根据方案排除故障。（限起动系统）

一、知识链接

① 汽车起动系统相关理论知识。

② 汽车起动系统零部件的拆装及检修。

③ 汽车起动系统执行件的检测。

故障分析：发动机不能起动，存在的故障一般为起动机损坏、电路中保险丝被熔断、继电器损坏、点火开关故障、搭铁线接触不良等故障。

二、故障点检查

1．操作过程中是否按规定操作

自动挡的车是否踩刹车；变速器的挡位是否在“P”或“N”挡；手动挡的是否是空挡，是否踩下离合器等。

2．保险丝检查

用万用表检查相关电路的保险是否熔断。

3．搭铁线的检查

4．继电器的检查

5．起动机各零部件的检测（见主教程）

6．根据客户陈述检查各故障点并按要求填写车辆检查问诊单（见表 2-1）

表 2-1　车辆检查问诊单

<table>
<tr><td>客户姓名</td><td></td><td>车牌</td><td colspan="3"></td></tr>
<tr><td>客户电话</td><td></td><td>车型</td><td colspan="3"></td></tr>
<tr><td>维修顾问</td><td></td><td>车架号</td><td colspan="3"></td></tr>
<tr><td>预计交车时间</td><td></td><td>行驶里程数</td><td></td><td>燃油表显示</td><td></td></tr>
</table>

续表

<table>
<tr><td colspan="2">外观确认：
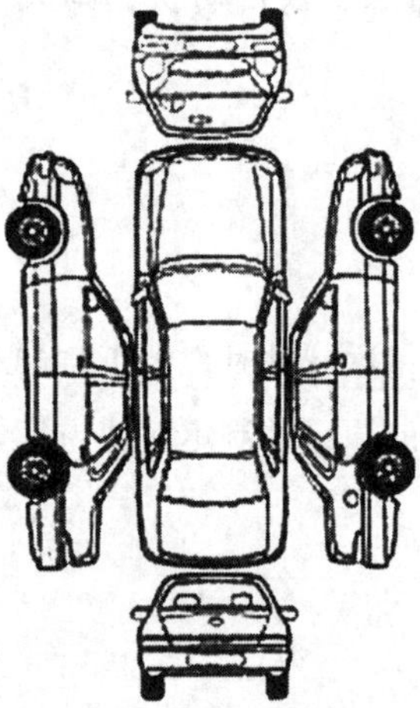
○ 划伤
□ 擦伤
◇ 碰伤
△ 凹陷
◉ 脱落</td><td colspan="2">仪表故障信息：

其他：</td></tr>
<tr><td>客户陈述故障</td><td colspan="3"></td></tr>
<tr><td>报检项目</td><td colspan="3"></td></tr>
<tr><td>建议维修项目</td><td colspan="3"></td></tr>
<tr><td>客户签字</td><td></td><td>服务顾问签字</td><td></td></tr>
</table>

三、制定计划

老师将学生分成若干小组，每组 5 人左右，每组选出一个组长，组长负责对组员进行任务分配，组员按照组长的要求完成相应的任务，并将所完成的任务内容填入表 2-2 中。

表 2–2　制定计划表

<table>
<tr><td>序号</td><td>任务</td><td>个人任务</td><td>完成情况</td><td>教师或组长检验结果</td></tr>
<tr><td>1</td><td rowspan="4">车辆无法起动，每次起动时都能听到起动机转动的声音，但不能使发动机运转，请根据所学知识排除相关故障</td><td></td><td></td><td></td></tr>
<tr><td>2</td><td></td><td></td><td></td></tr>
<tr><td>3</td><td></td><td></td><td></td></tr>
<tr><td>4</td><td></td><td></td><td></td></tr>
</table>

四、检查修改计划

教师检查学生做的计划，根据要求提出相应的修改计划（如计划做得很完美则无需修改，直接进入下一阶段）。

五、实施

1．教学准备

① 一体化实训场地准备：工作台、电气实训台架、教学用整车。

② 工具准备：拆装工具套装、测量工具。

③ 资料准备：教学课件、视频资料、维修手册、网络教学资源。

2．根据检查的结果制定维修方案并按要求填写维修卡（见表 2-3）

表 2–3 维修卡

服务专员		日期		制单人员	
工单号		进厂日期		发动机号	
车主		车主电话		车架号（VIN）	
地址					
车牌号		车型			
检查结果					
维修方案	1．拆装				
	2．维修				
	3．更换				
维修人员签字		组长签字		指导教师签字	

3．根据维修方案排除故障并按要求填写维修工单（见表 2-4）

表 2–4 维修工单

服务专员		日期		制单人员	
工单号		进厂日期		发动机号	
车主		车主电话		车架号（VIN）	

续表

地址					
车牌号		预定交车时间		质检	
车型		路试		洗车	
维修类别		进厂里程		保修结束里程	
维修项目	维修内容		工时	单价	金额
1．拆装					
2．修复					
3．喷漆					
4．更换					
5．机修					
6．四轮定位					
客户签字		维修技师签字		洗车技师签字	
		终检签字		维修经理签字	

六、评估效果

整体任务完成情况评价及评分标准，如表2-5所示。

表2-5　整体任务完成情况评价及评分标准

评价内容及评分标准		自我评价（打分）	小组相互评价（打分）	教师评价（打分）
信息收集（15分）	理解任务或问题的程度（5分）			
	收集信息的完整性（5分）			
	对信息（知识）的领会性（5分）			
制定计划（20分）	计划制定参与程度（10分）			
	计划的合理性及实用性（10分）			
修改计划（15分）	和老师怎么讨论计划（5分）			
	和老师讨论后，是否知道如何改进计划（5分）			
	计划修改后的完整性（5分）			
实施（20分）	是否按计划进行工作（5分）			
	是否亲自实施计划（5分）			
	是否记录工作过程及结果（10分）			
检查（15分）	是否按计划的要求去完成任务（5分）			
	是否达到预期目标（5分）			

续表

评价内容及评分标准		自我评价（打分）	小组相互评价（打分）	教师评价（打分）
检查（15分）	整个工作流程是否与标准流程符合（5分）			
评价（15分）	按计划是否完成了任务或解决了问题（5分）			
	在哪个环节上可以改进（2分）			
	学习团队的合作情况（3分）			
	现场5S及劳动纪律（5分）			
总分				
总评				

技能考核

起动机的拆装、检修考核评分表，如表2-6所示。

起动机的拆装、检修考核（时间：30分钟）

表2-6 一体化项目（任务）考核评分表

任课教师签字：

序号	考核内容	配分	评分标准	考核记录	扣分	得分
一	考前准备	2	备齐所需的工具及设备			
二	起动机的拆卸与检修（25分）	3	1. 清洁表面、做拆装标记			
		2	2. 拆下电磁开关上的电机接线柱			
		2	3. 拆下固定电磁开关的螺母，取下电磁开关			
		2	4. 拧下后端盖的两个固定螺栓，取下后端盖			
		3	5. 取出绝缘垫片，拿出电刷、弹簧与电刷架			
		2	6. 取出定子总成			
		3	7. 取出转子总成与拨叉			
		5	8. 转子总成检查			
		2	9. 检查壳体、定子总成			
		2	10. 检查电磁开关			
三	起动机的安装（35分）	2	1. 清洁各个零部件			
		3	2. 将拨叉总成装入前端盖			
		5	3. 安装转子总成			
		5	4. 安装定子总成			

续表

序号	考核内容	配分	评分标准	考核记录	扣分	得分
三	起动机的安装（35分）	4	5．安装电刷架、电刷、弹簧			
		4	6．安装绝缘垫片、后端盖			
		2	7．拧紧端盖螺栓			
		5	8．安装电磁开关			
		5	9．空载测试			
四	基础知识填空	5	回答正确、书写工整、按时全部完成			
五	职业素养	5	1．课堂纪律			
		5	2．文明操作			
		3	3．工具及设备的整齐、清洁度			
六	时间要求	20	每超过1分钟扣1分，超过10分钟者不予及格			
合计		100				

项目三 3 汽车点火系统

基础知识填空

一、点火系统概述及分类

（一）点火系统概述

由于汽油______，难以______，因此汽油发动机设置了______，采用______。汽车点火系统的作用是，在______。

1．发动机有效工作的必要条件

（1）______。

（2）______。

（3）______。

2．点火系统必须满足的基本条件

为了保证可靠点火，点火系统应满足以下基本条件。

（1）能迅速______。为了确保发动机在工作时火花塞的电极间隙能被击穿产生电火花，通常要求______，并且要求______。

（2）电火花应有______。发动机温度______，起动时所需的______。为保证发动机具有较高的经济性及较少的排放污染物，一般要求电火花的能量应达到______，而且电火花还要有一定的______，通常不少于 500 ms。

（3）______，能与发动机的各种工况如______。为使发动机在把______的过程中输出______，点火装置必须根据发动机______。

（4）在特殊使用条件下，如热带、寒带、潮湿地带及空气稀薄的高原地区行驶的车辆，点火装置必须能可靠地工作。

（二）点火系统的分类

汽车点火系统按______的控制方式不同可分为______、______和______三种类型。

1．传统点火系统

传统点火系统是指______________________。传统点火系统__________，__________，但__________，__________，已逐步淘汰。

2．半导体点火系统

半导体点火系统是指______________________，也称“晶体管点火系统”或“普通电子点火系统”。它具有________、________、________、________及________等优点，已逐渐取代传统点火系统。

3．计算机控制点火系统

计算机控制点火系统是指______________________，经过__________和______________________的点火系统。计算机控制点火系统取消了机械式提前角调节装置，______________________，应用越来越广。

按点火能量存储方式的不同，目前汽车上的蓄电池点火系统可分为________和________。__________点火系统是将______________________，而__________点火系统是将______________________。

二、传统点火系统的各部件构造及作用

点火系统内有两个相互独立的电路：__________和__________。__________电路也叫作__________，其电源是__________。__________电路也叫作__________，高压电路的______________之间，具体电压值由______________________而定。点火系统的初、次级电路主要由________、________、________、________、________、________、________及________等器件组成，如图 3-1 所示。

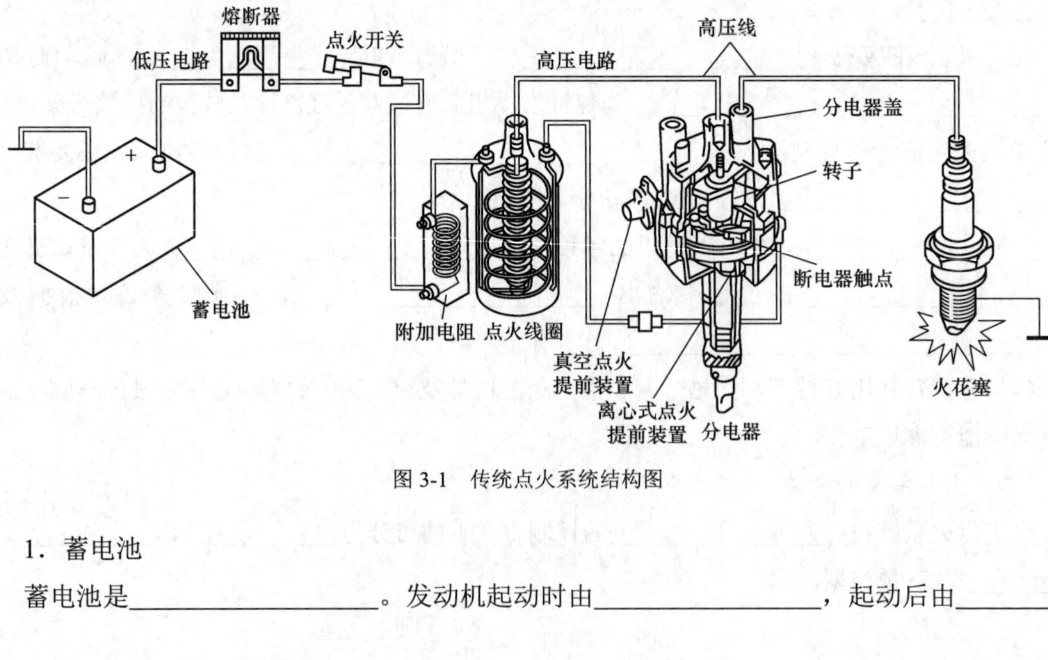

图 3-1　传统点火系统结构图

1．蓄电池

蓄电池是______________。发动机起动时由______________，起动后由__________

________。蓄电池负极的一侧与________，而正极的一侧________。

2．点火开关

其作用是________________。正常工作时电流流过________；起动时，________。大多数点火开关做成____________。点火开关的种类较多，通常按接线极柱的多少可分为________（见图 3-2（a））和__________（见图 3-2（b））。三接线极柱式点火开关有三个，一个________，一个接点火线圈的低压电源开关接线极柱，最后一个接其他用电设备（如电气仪表等）。而四接线极柱式点火开关比三接线极柱式点火开关多了。

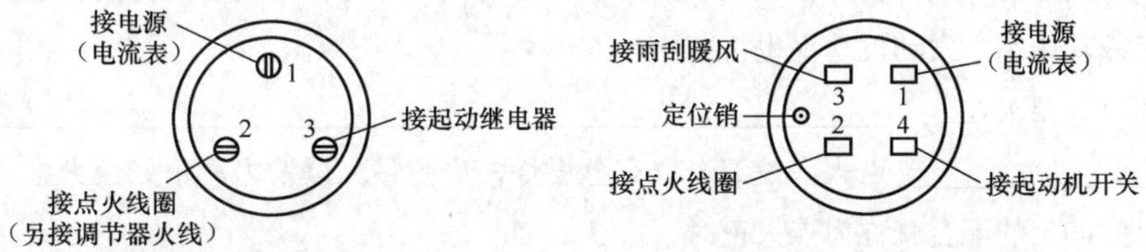

（a）三接线极柱式点火开关　　（b）四接线极柱式点火开关

图 3-2　点火开关

目前，汽车点火开关朝着______、______的方向改进，即点火开关除__________，还可以控制起动机、音响设备、汽车防盗系统等。

读一读

遥控式汽车防盗系统已广泛使用在中、高档汽车上。它由司机携带的________和汽车内的__________组成。每次司机离车时，先用遥控发射器给汽车上“锁”，即遥控起动汽车上的________，此后如果有人推动汽车、撬砸车门窗（受振动）、非法开车（强行点火），汽车防盗系统均会________并断开________，以保护汽车安全。司机在上车前用遥控发射器给汽车开“锁”，关掉防盗警戒系统。这种遥控发射机发出的是含有________，每套防盗系统的________，因此每个司机都能放心地遥控自己的汽车防盗系统。它具有________，________，________，________等特点。

发动机防盗锁止系统是针对发动机安装了一套防盗系统，因此即使盗车者能打开车门，也无法开走轿车。典型的发动机防盗锁止系统是这样工作的：汽车点火钥匙中内________，每个芯片内都装有________（相当于身份识别号码），只有________与发动机一侧的 ID 一致时，汽车才能起动。相反，如果不一致，汽车就会马上________，使发动机无法起动。

3．点火线圈

其作用是将____________________________。点火线圈是点火

装置中的核心组件，通常安装在________________________________。它的作用之一就是__________________________。同时为了保证火花塞能够________________，因此它又是__________________________。点火线圈是利用电磁互感原理制成的。

4．点火正时

点火正时是为了使____________________________________，气缸内的混合气必须在最佳时刻进行点火。而电火花点燃空气——燃油混合气后，火焰需要一定的时间才能扩散至整个燃烧室。如果点火发生在活塞恰好到达上止点的位置，则混合气燃烧时，活塞也开始下移而使气缸容积增大，此时______________________。但如果点火过早，则活塞还处于向上止点移动的过程中，气缸内的气体压力已达到很大数值，这时气体压力作用的方向与活塞运动的方向相反，会使有效功减小，发动机功率也将减小。

点火正时：要求在____点火，使混合气充分燃烧，产生最大爆发力，正好全力推动活塞下行作功，这个时间上的配合就称为点火正时。

点火提前角：____。

最佳点火提前角能够实现____________________________，排放合乎标准的点火提前角就称为最佳点火提前角。

最佳点火提前角并不是一个定值，它随许多因素而变化，其中最主要的影响因素是____。一般设有两套自动调节点火提前角的装置：一套能随发动机转速的变化而自动改变点火提前角，即离心式点火提前调节装置；另一套则主要按发动机负载的不同而自动调节点火提前角，即真空式点火提前调节装置。此外，最佳点火提前角还与______________________________。当发动机更换不同牌号的汽油时，必须相应调节点火提前角。因此点火系统中还专门设计了辛烷值校正装置。

离心式点火提前调节装置通常装在______________________，它的作用是随发动机转速的变化而自动调节点火提前角。随发动机转速的提高，火焰扩散时间相对曲轴转角增大。随发动机转速的增加，离心式点火提前调节装置将点火正时提前，使最大燃烧压力总是在最佳位置，一般为____。

真空式点火提前调节装置通过改变________________________之间的相对位置来改变触点打开的时刻，从而改变点火提前角。真空式点火提前调节装置位于分电器外壳的侧面。它的作用主要是随发动机负载变化而变化歧管真空度而自动调节点火提前角。发动机负载越轻，真空点火提前调节装置点火时刻提前得越多，使最大燃烧压力总是保持在最佳位置，一般为______________________。在发动机转速一定时，节气门后的真空度只取决于节气门开度。节气门开度越小，负载越小，通气孔处真空度就越高，点火提前角也越大。

初始点火正时是指____

______________________。初始点火正时对应的曲轴转角称为基本曲轴转角。基本曲轴转角也正是点火发生时，1 号气缸压缩到一定阶段的适当时刻。

初始点火正时由改变分电器相对发动机的安装位置来调整。其方法是：转动分电器，直至曲轴传动带轮上的装配记号和发动机正时齿轮箱上的记号对正，用正时灯检查。注意，因为火焰扩散速度取决于发动机排量及燃烧室形状，所以初始点火正时随发动机型号不同而异。其调整程序细节及规范因发动机不同而异，请参看有关的发动机修理手册。

5．火花塞

其作用是将______________________，点燃混合气，如图 3-3 所示。

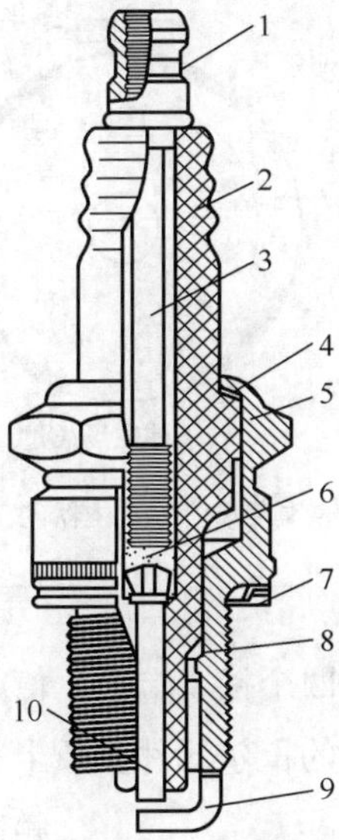

图 3-3　火花塞

1—________；2—________；3—金属杆；4—垫圈；5—________；6—________；7—________；8—垫圈；9—侧电极；10—________

传统点火系统火花塞间隙应调整到____________，电子点火系统火花塞间隙应调整到____________左右。

火花塞长裙的为________________，短裙的为________________。

三、电子控制点火系统

1．磁感应式信号发生器

在现代汽车上使用的信号发生器有________、________、________和________，其中后两种应用较少。下面就磁感应式和霍尔效应式信号发生器的工作原理进行分析说明，其他形式信号发生器的工作原理请参看有关资料。

永久磁铁经支座、__________、空气隙和信号转子构成磁路。信号转子上有与发动机气缸数相同的叶片，由分电器轴经离心式点火提前调节器的重块驱动。信号转子转动时，由于叶片的作用，使信号转子与磁感应线圈间的气隙发生变化，相应的磁通量变化速率也发生变化，__________________________。结果信号发生器就会向外输出一个交变的电压信号，且这个电压信号会随着发动机转速的增加而增大。

2．霍尔效应式信号发生器

霍尔效应式信号发生器的工作原理如图 3-4 所示。将霍尔元件即半导体基片放在磁场中，并通过一个电流，____________________________________，结果在垂直于电流和磁场的霍尔元件的横向两侧会产生一个与电流和磁场强度成正比的电压。这种现象称为霍尔效应，这个电压称为霍尔电压。

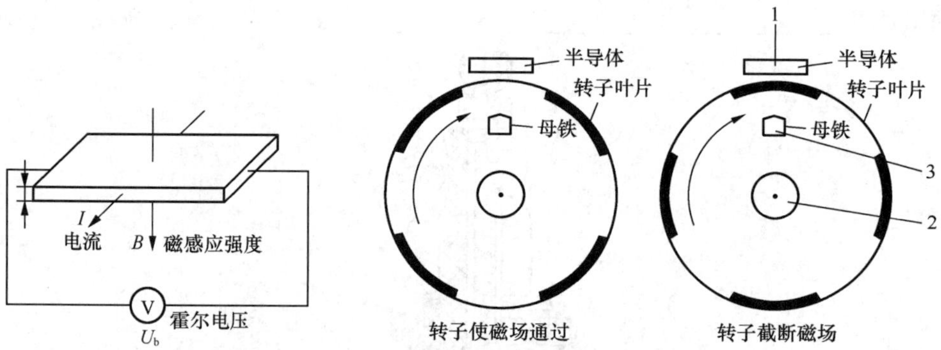

图 3-4　霍尔效应式信号发生器的工作原理图

1—霍尔元件；2—触发叶轮；3—永久磁铁

霍尔元件固定在陶瓷支座上，它有四个接线端头，信号电流从______________，霍尔电流从 C、D 输出。注意，信号发生器上的霍尔元件实质上是一个带有霍尔元件的集成电路块。霍尔元件对面装有永久磁铁，_________________，触发叶轮由分电器轴带动旋转，触发叶轮的叶片数与气缸数相同。当触发叶轮上的叶片通过或离开间隙时，霍尔元件的输出电压就会发生一高一低的变化。当叶片偏离空气间隙时，磁通穿过霍尔元件，在 C、D 端产生霍尔电压，这时霍尔元件内的集成电路接通，________________。此时用电压表的毫伏挡测量 C、D 端的电压将大于 0。当叶片转入永久磁铁和霍尔元件之间的间隙时，磁路被割断，这时霍尔电压为 0，霍尔元件内的集成电路断开，C、D 电路没有电流流过。此时用电压表的毫伏挡_____________________________。当信号发生器的叶片通过间隙时，信号发生器向点火控制器、点火器或称点火模块输出高电压，点火控制器使点火线圈初级电流接通。所以初级电流的通电时间即闭合角，受到相邻两个叶片间周距的控制。叶片之间的周距越小，初级电流接通的时间越长。霍尔开关闭合的瞬间，即叶片离开间隙时，信号发生器输出低电压，点火控制器使点火线圈初级电流截止，火花塞跳火，点燃混合气。

3．无分电器式点火系统

无分电器式点火系统完全取消了__________________，它将点火线圈产生的高电压直接通过高压线传递给火花塞，使其点火。

无分电器式点火系统又分为____。

（1）双缸同时点火方式

① 组成：点火系统主要____________、____________和____________等组成。

② 作用：____。

③ 工作原理：由曲轴位置传感器输入转速及转角信号，发动机控制模块（ECU）据此控制相应的初级绕组接通与断开，从而在次级绕组中感应出高压电。

双缸同时点火方式是指______________________________，即一个点火线圈有两个高压输出端，分别与两个火花塞连接，负责对两个气缸点火。比如五菱B系列发动机就采用双缸同时点火方式。

双缸同时点火方式中每两个气缸合用一个点火线圈。排气行程的气缸和压缩行程点火的气缸同时点火。

在有些双缸同时点火系统中点火线圈的次级绕组________________________，其作用是为了避免功率晶体管导通时，点火线圈产生的电压造成火花塞误跳火。在大功率晶体管导通的瞬间，初级绕组____________________________________，次级绕组产生大约2000V的电压。因为无分电器式点火系统没有配电器，所以这2000V电压将全部作用于火花塞上。此电压若产生在压缩行程末期的实际点火时期，由于气缸压力高，此电压不足以使火花塞跳火，但如果大功率晶体管导通时期发生在进气行程末尾与压缩行程的开始之间，这时气缸内的压力甚至________________________，因此2000V的高压很可能使火花塞跳火。特别是火花塞间隙较小，而充电系统电压又_______________________规定值时，火花塞很有可能发生跳火，这将使发动机产生回火等现象而不能正常运转。为防止这种现象的产生，在点火线圈的次级线圈内串联1个高压二极管，当大功率晶体管T导通时，由于二极管的反向截止功能，2000V的高压电就无法使_______________________________。而当大功率晶体管 T 截止时，次级绕组产生高压电，二极管对此不产生影响，可使火花塞顺利跳火。

这种点火系统由于取消了分电器，因此必须依靠发动机控制模块根据凸轮轴位置传感器传来的曲轴位置信号（Ne信号）及______________________来确定哪一个缸点火，然后向ICM发出气缸辨别信号（IGDA 和 IGDB 信号）。通过这两个气缸辨别信号的组合，点火控制模块就可以确定__________________________，从而实现控制点火顺序。

（2）单独点火方式

单独点火方式是指每个气缸的火花塞都配用一个点火线圈，单独对本缸进行点火，比如丰田威驰。

无分电器式单独点火系统每个气缸的火花塞配有一个点火线圈，单独、直接地对每个气缸进行点火。这种点火方式非常适合在四气门每缸两个进气门和两个排气门发动机上使用。火花塞安装在两根凸轮轴的中间，每缸火花塞上直接压装一个点火线圈，很容易布置。奔驰119和120发动机、VOLVO 960发动机、宝来ACU发动机、奥迪五缸发动机都采用这种点火方式。

这种点火系统采用了超小型塑封式点火线圈。火花塞采用了__________，电极间隙不需要______________________，每行驶100000km应更换新火花塞。与前面的无分电器式双缸同时点火系统相比较，这种点火系统的主要特点有以下几点。

① 由于采用一个点火线圈对应着一个缸的火花塞，点火线圈的负载比双缸同时点火系统小得多，因此可以大幅度提高____________________，从而使点火系统的点火能量更高，更加适应于____。

② 点火线圈次级输出不使用高压二极管，为防止初级电路接通时次级绕组产生的感应电动势在缸内误点火，要求____________________________之间有 3～4mm 的间隙，该间隙由安装托架来保证。

③ 取消了高压线而由点火线圈直接向火花塞供电，因而________________，效率高，电磁干扰少。

④ 由于点火线圈能安装在双凸轮轴的中间，因而节省了发动机周围的安装空间。

四、微机控制点火系统

（一）微机控制点火系统的基本原理

微机根据____________________________，判断出发动机各缸的活塞位置，并由这些脉冲信号计算出发动机转速值，再通过燃油喷射系统的节气门位置传感器或______________________确定出负荷的大小，可对发动机的运行工况做出较为精确的判断。根据______________________，微机从存储单元中查找出对应工况的导通时间，由这些数据对电子点火器进行控制，从而实现点火系统的精确控制。另外，微机系统还可能根据其他影响因素对这两个参数进行修正，实现点火系统的智能控制。控制过程主要包括发动机运行工况参数的采集与处理、控制参数计算、控制命令的输出和点火器的执行等，如图 3-5 所示。

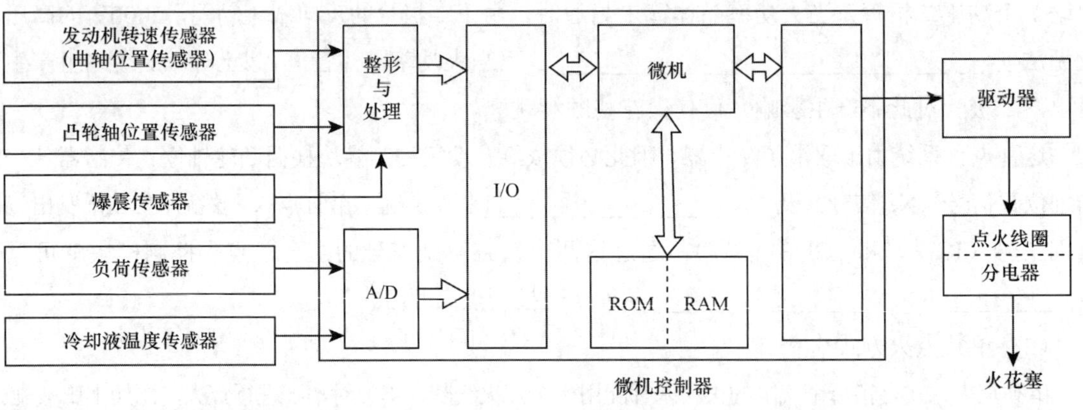

图 3-5 微机控制点火系统的工作原理图

（二）与点火系统有关的主要传感器

1. 曲轴位置传感器

曲轴位置传感器（见图 3-6）是发动机集中控制系统中最重要的传感器之一，可提供发动机转速、曲轴转角、位置及活塞行程位置信号，以确定发动机的基本喷油时刻及点火时刻。

曲轴位置传感器可分为__________、__________和__________三种类型。由于磁电式位置传感器结构简单，抗污能力、识别能力强，因此在现代汽车上广泛应用。

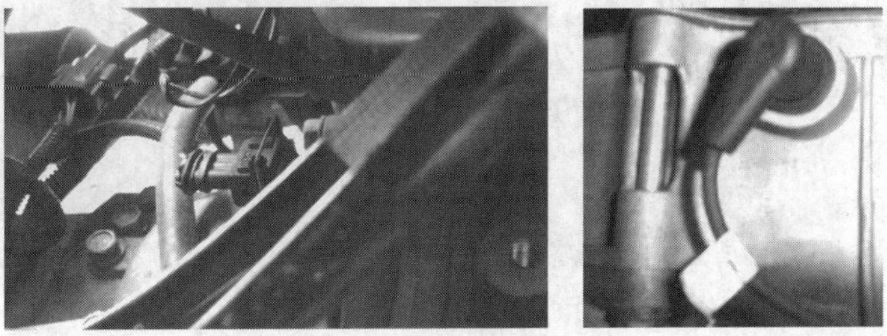

图 3-6 曲轴位置传感器安装图

（1）安装位置

安装在变速器壳上，拆卸及安装时应注意____________________，并保证安装牢固。

（2）结构

此传感器为电磁感应式传感器，由__________、__________等组成。

（3）作用

检测____________________________，将此信号输入 ECU，以决定点火和喷油时刻。

（4）工作原理

利用磁场强弱来控制霍尔电压的有无，从而输出相应的频率信号，信号的有无取决于磁场的通断。当触发轮经过传感器时，引起磁通量的变化，便在线圈中产生出一个交变电压信号，如图 3-7 所示。该信号的大小与____。

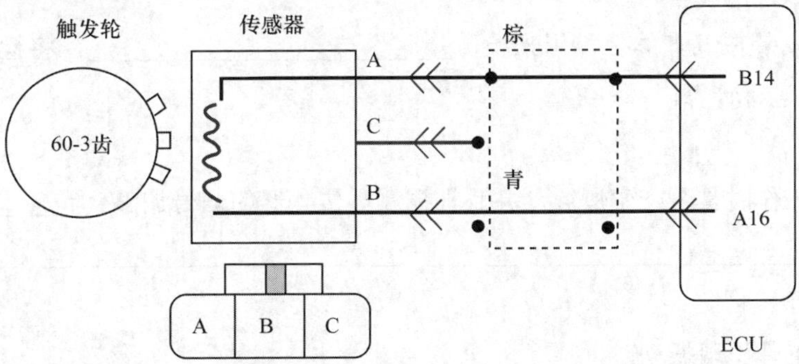

接线端子：A—信号+；B—信号-；C—屏蔽层

图 3-7 曲轴位置传感器的原理及电路图

曲轴位置传感器（以五菱 B 系列发动机为例）主要由转子和线圈组成。安装在变速箱前壳体上，作用是判断____________________________，将此信号输给 ECU，以决定点火时刻及喷油时刻。

2．凸轮轴位置传感器

（1）安装位置

其安装在气缸盖凸轮轴端盖上，如图 3-8 所示。

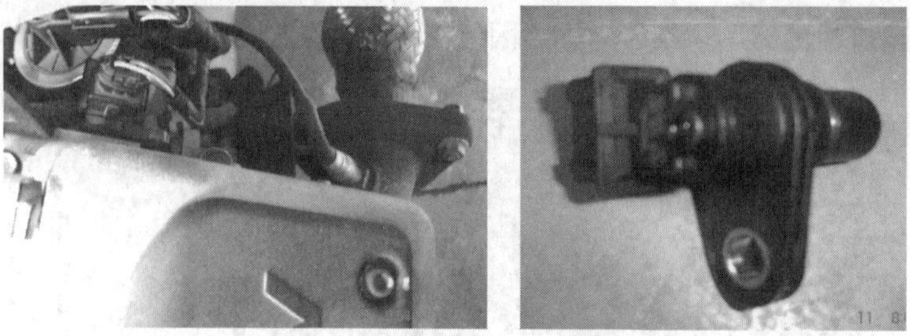

图 3-8　安装位置图及实物图

（2）作用

凸轮轴位置传感器的作用是____。此外，凸轮轴位置信号还用于发动机起动时识别出第一次点火时刻。

（3）工作原理

凸轮轴位置传感器可以测量出________________________________，曲轴位置传感器可以测量出哪缸活塞正在上止点上，所以，两者一般是配合在一起工作的。其工作原理和曲轴位置传感器的工作原理基本相似。

凸轮轴位置传感器可用来监测____________________________，以便 ECM 判定喷油器可以向哪个气缸喷油。对于每一个曲轴位置，凸轮轴传感器信号的极性只能改变一次。

3．爆震传感器

（1）安装位置

爆震传感器安装在气缸体上，用来检测____________________，将检测的信号输送至 ECU，在 ECU 内进行计算。

（2）作用

检测发动机工作时是否产生爆震，并且根据爆震传感器的信号调整____。

（3）工作原理

发动机的气缸体出现振动时，____。

当爆震发生时，在振动频率为 7kHz 左右时振动振幅异常大，从这一点考虑，使爆震传感器在 7kHz 左右输出电压最高。ECM 只检出一定水平以上的爆震，通过确认超出该水平的程度就可以判定其爆震强度。

爆震传感器将检测到发动机爆燃的信号输送至 ECU，ECU 根据发动机爆燃情况做出是否滞后或提前点火时间的指令。爆震传感器可代替传统点火系统的点火提前装置。

爆燃是指燃烧中本应逐渐燃烧的部分可燃混合气突然自燃的现象。它通常发生在离火花塞较远区域的末端混合气中。当电火花跳火后，火焰开始传播，燃烧室内最后燃烧部分的末端气体受到已燃气体的压缩和热辐射，________________________________不断升高，当末端可燃混合气温度超过它的发火温度，即引起自燃，形成新的火焰核心，产生新的火焰传播。

爆燃会使发动机部件受高压，会使燃烧室和冷却系统过热，严重时可使活塞顶部熔化。爆燃还会使功率下降，______________________________。点火时间过早是产生爆燃的一个主要原因。由于要求发动机能够发出最大功率，点火时间应能提早到刚好不致于发生爆燃的角度。但在这种情况下发动机的工况微有改变，就可能____________________。过去为避免这种危险，通常采用减小点火提前角的办法，但这样就要牺牲发动机的功率。为了不损失发动机的功率而又不产生爆燃，就需要用爆震传感器来解决这一问题。

压电式爆震传感器又分为共振型和非共振型两种。共振型爆震传感器是由与爆燃具有几乎相同共振频率的振子(平衡配重)，以及能够检测振子振动压力并将其转换成电信号的压电元件构成。非共振型爆震传感器是用压电元件直接检测爆燃信息。除此之外，还可在火花塞的垫圈部位装上压电元件，根据燃烧压力检测爆震。

4．进气歧管压力传感器

（1）安装位置

如图 3-9 所示，进气歧管压力传感器（硅晶膜片式）安装在________________，ECU 根据____，并结合进气温度传感器信号，作为确定发动机供油量的依据。

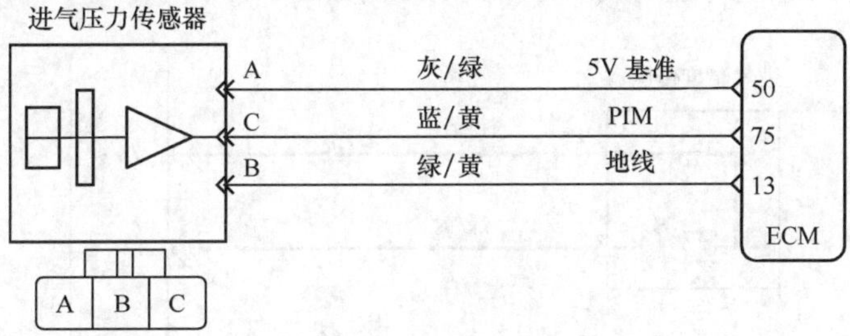

图 3-9　进气压力传感器电路图

（2）作用

____。

（3）工作原理

进气压力传感器主要由__________、__________和__________组成，硅片由于受到进气压力作用而变形，引起电阻值的变化，从而导致其输出的电压发生变化。ECU 根据电压信号的变化，____。在一定测量范围内，传感器受到的压力作用和测量信号（电压信号）成线性关系，此即压力传感器特性曲线。根据此特性曲线，ECU 将接收到的电压信号换算成____________。传感器正常工作时，其管脚 A75 输出电压应在

0.195～4.883V（对应进气压力为 15～120kPa）之间。

5．进气温度传感器

（1）安装位置

进气温度传感器安装在如图 3-10 所示的位置。

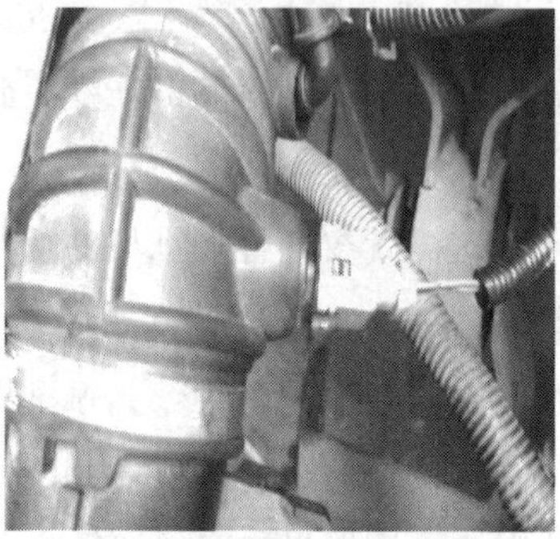

图 3-10　进气温度传感器安装位置图

（2）作用

测定进气温度，使 ECM 能够计算出真实的进气量，进而修正基本喷油量。

（3）工作原理

进气温度传感器的感温元件为____。ECM 根据进气温度信号，对基本喷油进行修正，修正量与温度成反比。其电路图如图 3-11 所示。

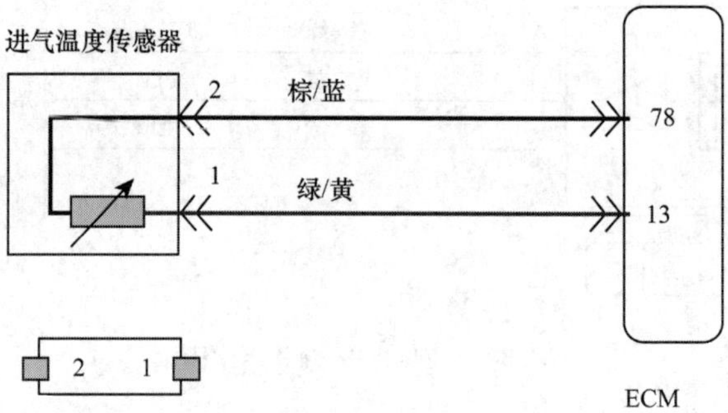

接线端子：1—信号地；2—温度信号；20℃～30℃的常温下，其阻止为 2500～1700Ω

图 3-11　进气温度传感器电路图

6．节气门位置传感器

（1）安装位置

节气门位置传感器安装在____，用于检测节气门的开度，并将其转换成电信号输给电控单元，作为电控单元判定发动机运行工况的依据，如图 3-12 所示。

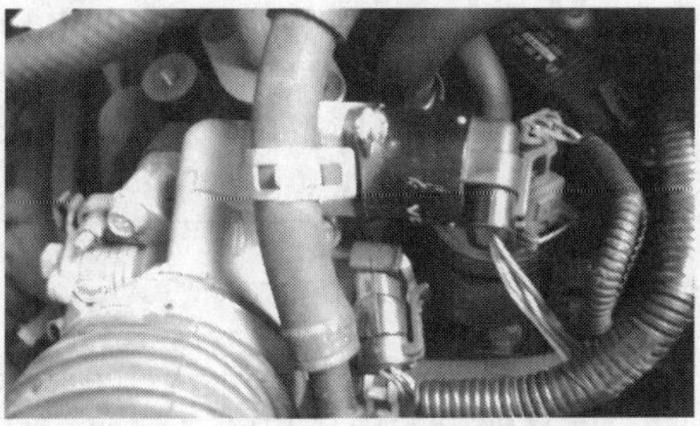

图 3-12　节气门位置传感器安装位置图

（2）作用

用于检测节气门的开度，并将其____

____。

（3）工作原理

节气门位置传感器主要由________和________组成，滑片与节气门轴同转。实际为一个滑动电位计，电位计输出与节气门开度成比例的电压信号。其电路图如图 3-13 所示。

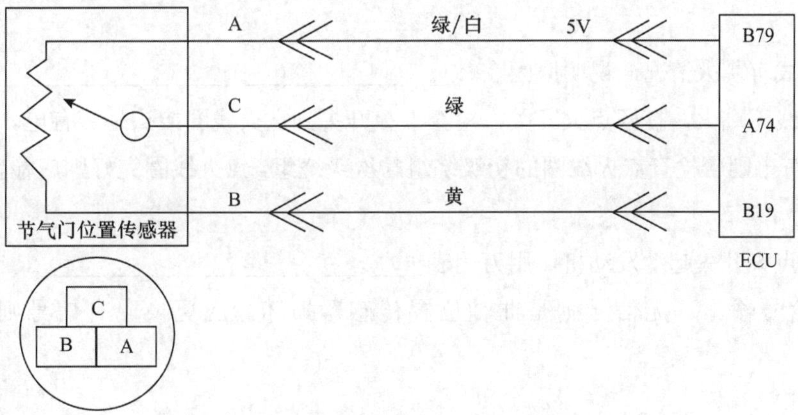

图 3-13　节气门位置传感器电路图

7．水温传感器

（1）安装位置

水温传感器安装在______________________________，如图 3-14 所示。

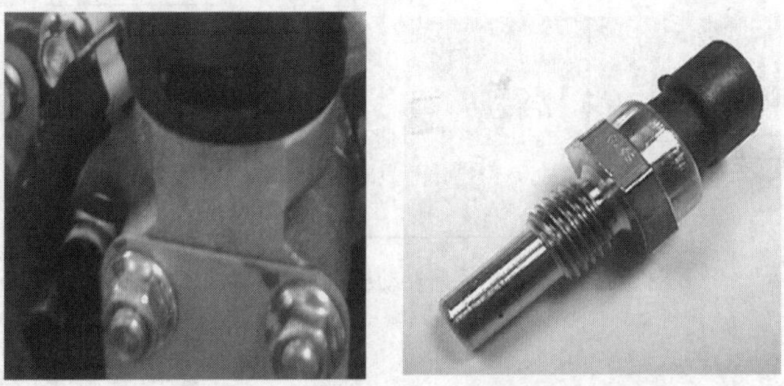

图 3-14　水温传感器安装位置图及实物图

（2）作用

测定冷却液温度，并向 ECU 输送对应的电信号。ECU 据此判别发动机处于什么工况（冷车、暖机、热机），进而修正______________________________。

（3）工作原理

水温传感器内部是______________________________。当温度传感器的电阻值随冷却液的温度变化时，信号线上的电压也随之改变。水温越低，电阻越高，输出电压越高。水温越高，______________________________。

五、五菱 B 系列发动机汽车点火系统

五菱 B 系列发动机汽车点火系统电路图如图 3-15 所示。故障诊断与排除过程如下。

（1）用万用表检查______________________________。

（2）检查连接电脑板的______________________________，打开点火开关，发动机故障指示灯应亮，否则应检查______________________________。

（3）拔下高压线，打开点火开关起动发动机，看高压线跳火情况。注意，跳火试验时一定要远离点火线圈。

（4）高压线有跳火情况，说明原因在______________________________。

（5）高压线无跳火，打开点火开关，检查点火开关到点火线圈接头是否有电。无电，则是电路连接断路；有电则应检查点火线圈的初级绕组与次级绕组，点火线圈完好则应检查 ECU 与曲轴位置传感器。

（6）打开点火开关起动发动机，用万用表______________________________，应随着发动机转动有电压信号输出。无信号则是曲轴位置传感器损坏，应更换，有信号则可能是 ECU 故障。

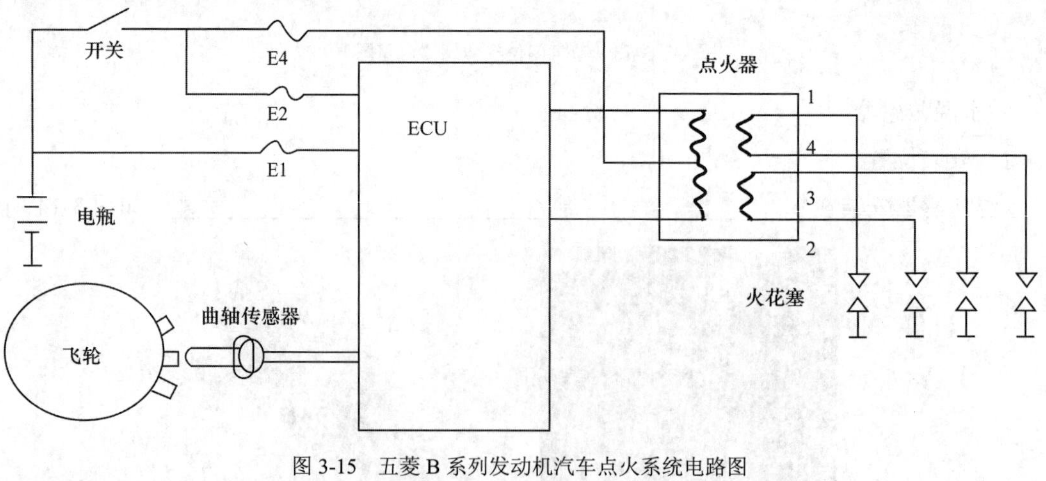

图 3-15　五菱 B 系列发动机汽车点火系统电路图

任务实施

找出 B 系列发动机的主要传感器的位置，并测量电压和电阻。

1．节气门位置传感器

把红黑表笔置于节气门位置传感器的__________________________，改变节气门开度，观察读数变化情况，如图 3-16 所示。

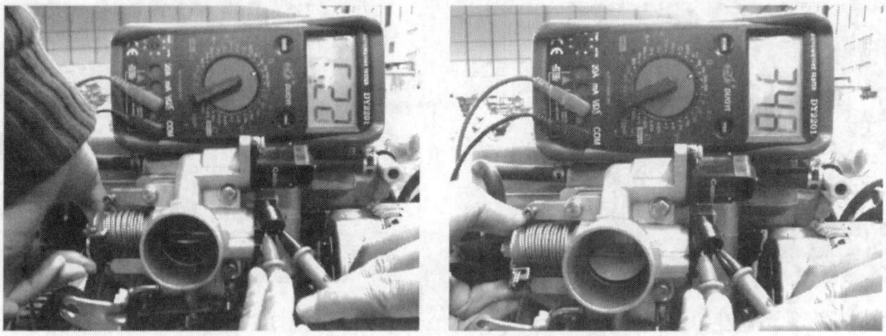

图 3-16 测量节气门位置传感器

2．凸轮轴位置传感器

（1）用万用表的___________________测量凸轮轴位置传感器的电阻，如图 3-17 所示。

（2）用万用表的____________________________测量凸轮轴位置传感器的电压，如图 3-18 所示。

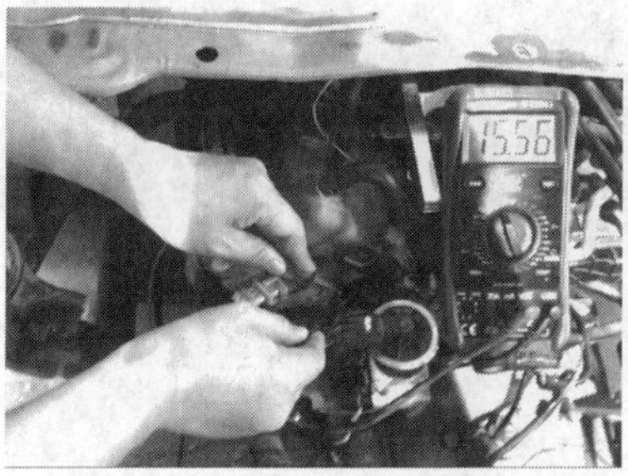

图 3-17 测量凸轮轴位置传感器的电阻

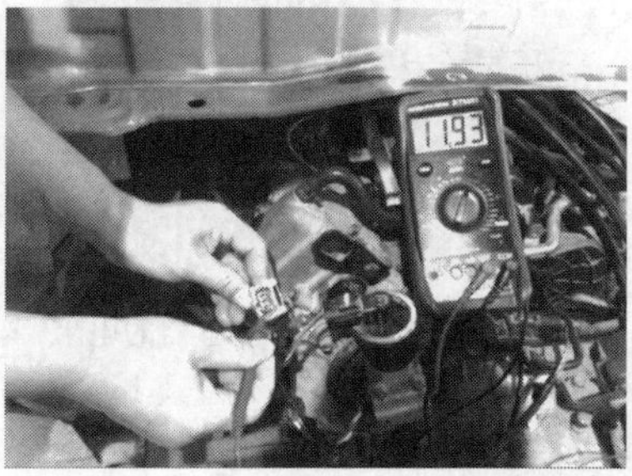

图 3-18 测量凸轮轴位置传感器的电压

3．曲轴位置传感器

用万用表的 20K 电阻挡测量曲轴位置传感器的电阻，如图 3-19 所示。

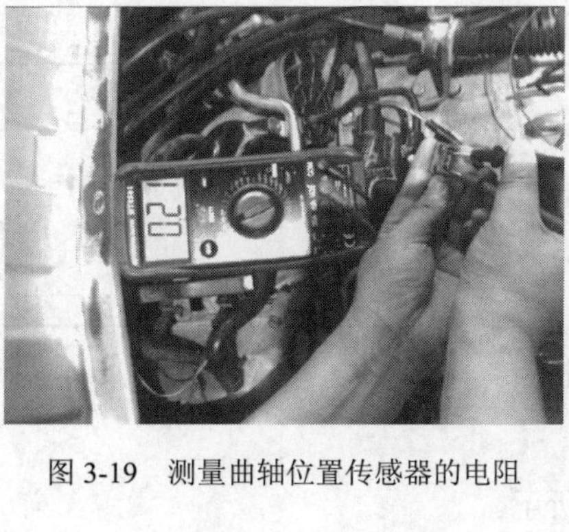

图 3-19 测量曲轴位置传感器的电阻

4．进气温度传感器

（1）用万用表的 20V 电压挡测量电压，如图 3-20 所示。

（2）用万用表的 20kΩ电阻挡测量电阻，如图 3-21 所示。

图 3-20　测量进气温度传感器的电压

图 3-21　测量进气温度传感器的电阻

5．进气压力传感器

（1）用万用表的 20kΩ电阻挡测量电阻，如图 3-22 所示。

（2）用万用表的 20V 电压挡测量电压，如图 3-23 所示。

图 3-22　测量进气压力传感器的电阻

图 3-23　测量进气压力传感器的电压

拓展训练

一、发动机不能起动且无着车征兆

1．故障现象：接通起动开关时，起动机能带动发动机正常转动，但发动机不能发动，且无着车征兆。

2．故障原因：

① ____；

② ____；

③ 系统油压故障；

④ 曲轴位置传感器故障；

⑤ ____；

⑥ 发动机气缸压缩压力过低；

⑦ ECU 故障。

3．诊断流程，如图 3-24 所示。

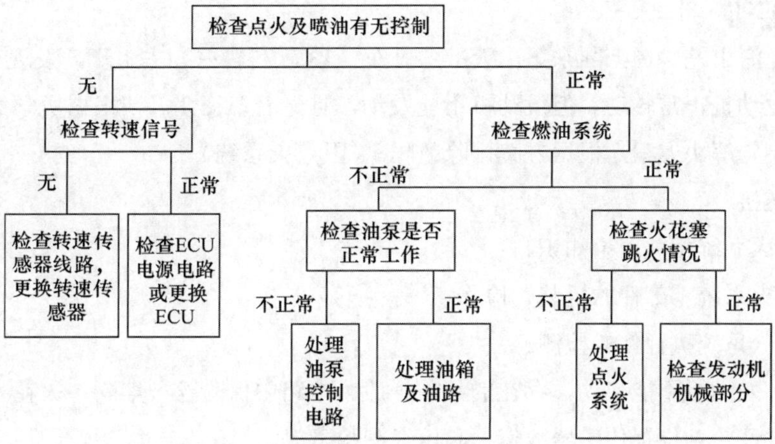

图 3-24 诊断流程

二、发动机不能起动，但有着车征兆

1．故障现象：接通起动开关时，起动机能带动发动机正常转动，有轻微的着车征兆，但不能起动。

2．故障原因：

① 空气滤清堵塞、进气系统漏气、排气系统堵塞；

② ____________________；

③ 高压火花太弱、乱火；

④ 系统油压故障；

⑤ ____________________；

⑥ 喷油器故障；

⑦ ____________________；

⑧ 气缸压力太低。

3．诊断流程，如图 3-25 所示。

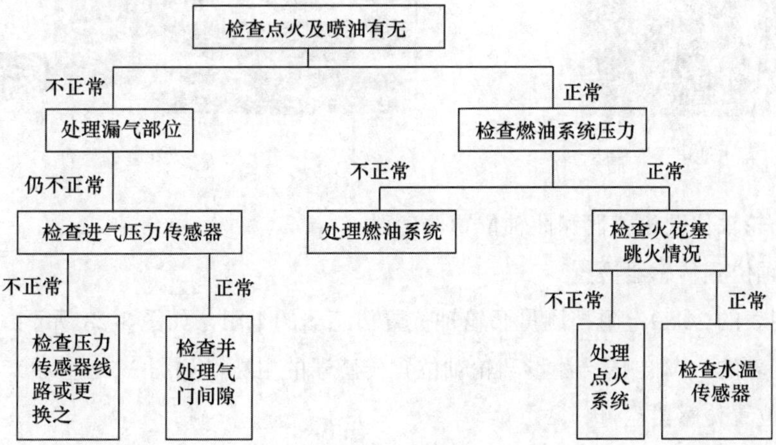

图 3-25 诊断流程

综合故障排除

刘先生去上海出差一周，回来第二天准备开车（13 款科鲁兹）去上班，发现车辆在起动时，起动机能带动发动机正常转动，但发动机不能发动，且无着车征兆。请根据所学知识分析其故障发生的原因并制定解决方案，根据方案排除故障。（限点火系统）

一、知识链接

① 汽车点火系统相关理论知识。

② 汽车点火系统零部件的拆装、检修。

③ 汽车点火系统执行件的检测。

故障分析：发动机不能起动，存在的故障一般为电路中保险丝被熔断、火花塞故障、曲轴位置传感器故障、凸轮轴位置传感器故障、高压线圈故障等。

二、故障点检查

1．蓄电池电压检查

如图 3-26 所示，将两放电计压在蓄电池正负极桩上，保持 5s，电压稳定在 11V 以上，否则表示该电池有故障，应进行修理。

2．保险丝检查

用万用表检查相关电路的保险是否熔断。

3．火花塞检查

拔下高压线，打开点火开关起动发动机，看高压线跳火情况，火花塞点火比较强的应该呈现蓝白光，如果点火较弱的应该呈现红光，如图 3-27 所示。

图 3-26 蓄电池电压的检查

图 3-27 火花塞的检查

4．检查凸轮轴位置传感器和曲轴位置传感器

（1）凸轮轴位置传感器检查

① 用万用表的 20kΩ电阻挡测量凸轮轴位置传感器的电阻，如图 3-28 所示。

② 用万用表的 20V 电压挡测量凸轮轴位置传感器的电压，如图 3-29 所示。

（2）曲轴位置传感器检查

用万用表的 20kΩ电阻挡测量曲轴位置传感器的电阻，如图 3-30 所示。

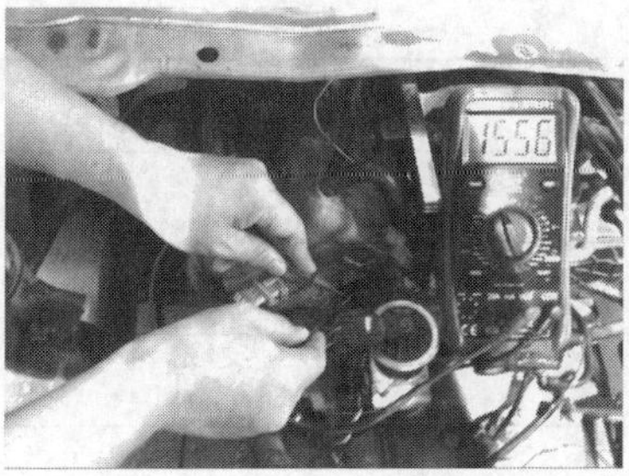

图 3-28 测量凸轮轴位置传感器的电阻

图 3-29 测量凸轮轴位置传感器的电压

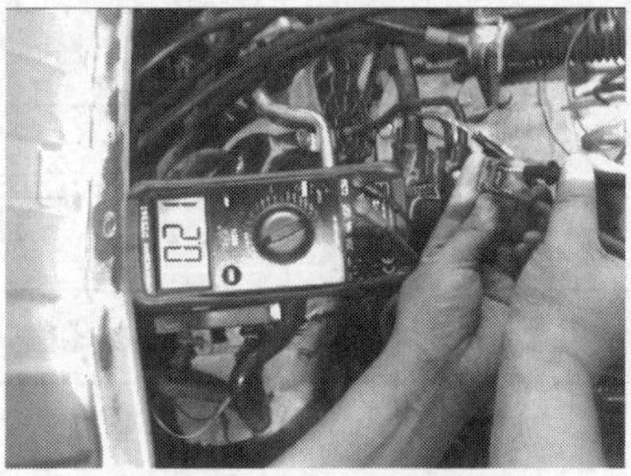

图 3-30 测量曲轴位置传感器的电阻

5．根据客户陈述检查各故障点并按要求填写车辆检查问诊单（见表 3-1）

表 3–1 车辆检查问诊单

<table>
<tr><td>客户姓名</td><td></td><td>车牌</td><td colspan="3"></td></tr>
<tr><td>客户电话</td><td></td><td>车型</td><td colspan="3"></td></tr>
<tr><td>维修顾问</td><td></td><td>车架号</td><td colspan="3"></td></tr>
<tr><td>预计交车时间</td><td></td><td>行驶里程数</td><td></td><td>燃油表显示</td><td></td></tr>
<tr><td colspan="2">外观确认：
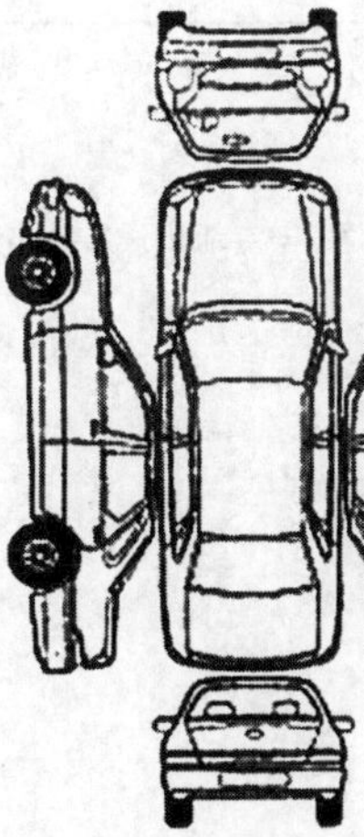
○ 划伤
□ 擦伤
◇ 碰伤
△ 凹陷
◉ 脱落</td><td colspan="4">仪表故障信息：

其他：</td></tr>
</table>

续表

客户陈述故障			
报检项目			
建议维修项目			
客户签字		服务顾问签字	

三、制定计划

老师将学生分成若干小组，每组 5 人左右，每组选出一个组长，组长负责对组员进行任务分配，组员按照组长的要求完成相应的任务，并将所完成的任务内容填入表 3-2 中。

表 3–2　制定计划表

序号	任务	个人任务	完成情况	教师或组长检验结果
1	车辆在起动时，起动机能带动发动机正常转动，但发动机不能发动，且无着车征兆（限点火系统），请根据所学知识排除相关故障			
2				
3				
4				

四、检查修改计划

教师检查学生做的计划，根据要求提出相应的修改计划（如计划做得很完美则无需修改，直接进入下一阶段）。

五、实施

1．教学准备

① 一体化实训场地准备：工作台、电气实训台架、教学用整车。

② 工具准备：拆装工具套装、测量工具。

③ 资料准备：教学课件、视频资料、维修手册、网络教学资源。

2．根据检查的结果制定维修方案并按要求填写维修卡（见表 3-3）

表 3–3 维修卡

服务专员		日期		制单人员	
工单号		进厂日期		发动机号	
车主		车主电话		车架号（VIN）	
地址					
车牌号		车型			
检查结果					
维修方案	1．拆装				
	2．维修				
	3．更换				
维修人员签字		组长签字		指导教师签字	

3．根据维修方案排除故障并按要求填写维修工单（见表 3-4）

表 3–4 维修工单

服务专员		日期		制单人员	
工单号		进厂日期		发动机号	
车主		车主电话		车架号（VIN）	
地址					
车牌号		预定交车时间		质检	
车型		路试		洗车	
维修类别		进厂里程		保修结束里程	
维修项目	维修内容		工时	单价	金额
1．拆装					
2．修复					
3．喷漆					

续表

4．更换					
5．机修					
6．四轮定位					
客户签字		维修技师签字		洗车技师签字	
		终检签字		维修经理签字	

六、评估效果

整体任务完成情况评价及评分标准，如表 3-5 所示。

表 3–5　整体任务完成情况评价及评分标准

评价内容及评分标准		自我评价（打分）	小组相互评价（打分）	教师评价（打分）
信息收集（15 分）	理解任务或问题的程度（5 分）			
	收集信息的完整性（5 分）			
	对信息（知识）的领会性（5 分）			
制定计划（20 分）	计划制定参与程度（10 分）			
	计划的合理性及实用性（10 分）			
修改计划（15 分）	和老师怎么讨论计划（5 分）			
	和老师讨论后，是否知道如何改进计划（5 分）			
	计划修改后的完整性（5 分）			
实施（20 分）	是否按计划进行工作（5 分）			
	是否亲自实施计划（5 分）			
	是否记录工作过程及结果（10 分）			
检查（15 分）	是否按计划的要求去完成任务（5 分）			
	是否达到预期目标（5 分）			
	整个工作流程是否与标准流程符合（5 分）			
评价（15 分）	按计划是否完成了任务或解决了问题（5 分）			
	在哪个环节上可以改进（2 分）			
	学习团队的合作情况（3 分）			
	现场 5S 及劳动纪律（5 分）			
总分				
总评				

技能考核

各传感器的位置及测量考核评分表，如表 3-6 所示。

各传感器的位置及测量考核（时间：30 分钟）

表 3–6　一体化项目（任务）考核评分表

任课教师签字：

序号	考核内容	配分	评分标准	考核记录	扣分	得分
一	考前准备	2	备齐所需的工具及设备			
二	传感器的测量（70 分）	15	1．指出各传感器的位置			
		8	2．测量节气门位置传感器电阻、电压			
		8	3．测量凸轮轴位置传感器电阻、电压			
		8	4．测量曲轴位置传感器电阻、电压			
		8	5．测量进气温度传感器电阻、电压			
		8	6．测量进气压力传感器电阻、电压			
		5	7．测量水温传感器电阻、电压			
		5	8．测量爆震传感器电阻、电压			
		5	9．测量氧传感器电阻、电压			
三	基础知识填空	15	回答正确、书写工整、按时全部完成			
四	职业素养	5	1．课堂纪律			
		5	2．文明操作			
		3	3．工具及设备的整齐、清洁度			
五	时间要求	15	每超过 1 分钟扣 1 分，超过 10 分钟者不予及格			
合计		100				

项目四 4 照明、信号、仪表及报警系统

基础知识填空

一、概述

汽车照明的发展史大致上经过了四个阶段：______的演变随着______的更迭而发生。

第一代汽车照明系统是由______（蜡烛、煤油或乙炔）直接______。但存在发光效率______、______、______和______等明显缺点，仅能满足早期车灯的要求。

第二代汽车照明系统是______。1879年______发明白炽灯，汽车灯具发生了革命性的______。______年______首先将白炽灯技术应用在______汽车前照灯上，从此汽车照明进入了______时代。接着，先后出现汽车______、______、______和蓄电池等新技术，______年开始汽车真正进入______汽车灯具时代。20世纪50年代又出现______，很快成为汽车强光源的主要______，替代______、______成为新型的汽车前照灯的光源。

第三代汽车照明系统是______（HID）灯，具有______、______和高可靠性等优点。

第四代汽车照明系统是______（LED）灯。当一个______施加于PN结两端时，载流子由______到高能态，当处于高能态的______回到低能态复合时，根据______原理，多余的能量将以______，就是LED电致发光原理。

二、照明系统与信号系统

为了保证汽车______行驶的______，以及提高其______，在汽车上装有多种______和______装置，俗称______系。汽车灯系按其______和______可分为______装置、______装置和______装置。由______、______、______、______和______等组成。其中主要的照明设备如图4-1所示。

（一）汽车照明系统

1．前照灯

前照灯又称大灯或头灯，安装在汽车头部的______，是用来______的主要灯具，每辆车上装______只或______只，功率为______。

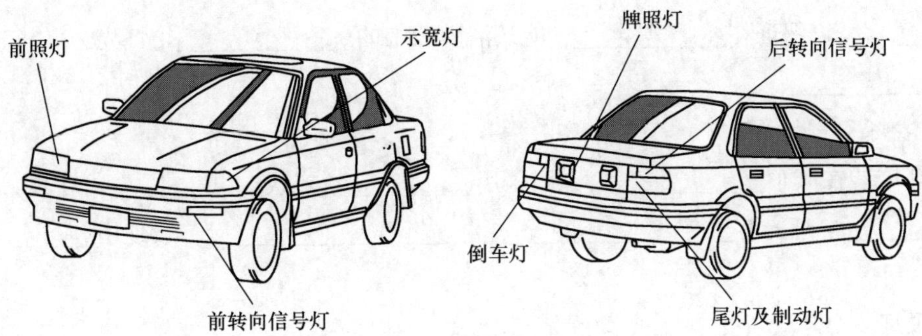

图 4-1 汽车的灯光分布图

2．小灯

小灯又称______灯、______灯或______灯，______两个小灯也叫做______。它装在汽车______的______上。主要用途是汽车______或______时，标示其轮廓和存在。前小灯的灯光为______或______，后小灯的灯光为______，功率一般为______左右。

3．雾灯

雾灯每车装一只或两只，______用来照明，安装位置______，一般离地面______左右雾灯灯光一律规定为______，因为黄色______，有良好的______。灯泡功率为______。

4．转向灯

转向灯又称方向______，简称______。安装在汽车的______，转向信号灯的作用是在______时，发出______的______信号，使前后______、______等知其行驶方向，转向灯的灯光为______，灯泡的功率一般不小于______。

5．喇叭

汽车在行驶时，按下______按钮，喇叭就会发出______，起到______行人和车辆的作用。

6．制动灯

制动灯又称______，俗称“______”，均装在汽车______。制动灯的用途是在______或______时，向______发出灯光信号，以______的车辆或行人。制动灯规定为醒目的______，国家标准要求该灯在______应明显照亮______以外物体。灯泡功率应在______以上。

7．倒车灯

汽车倒车灯有两个作用，一是向______和______发出倒车______（有的还加上倒车蜂鸣器）；二是提供______时照明，避免______。

8．牌照灯

牌照灯一律装在汽车______的______，其用途是______。牌照灯的标准要__________，保证在__________能认清牌照上的__________。灯光为__________，功率为__________。

9．仪表灯

仪表灯均装在汽车__________，一般采用__________式或__________式灯具。仪表灯仅用于__________，灯光有__________和__________等__________，一般使用__________的小灯泡。

10．顶灯

顶灯装在__________或__________部，作为__________用。顶灯灯光为__________。功率为__________。

11．指示灯

指示灯的用途是有关__________、__________、__________的技术状况，并对__________情况发出报警灯光信号，均装在__________。指示灯的灯光为__________、__________或__________，灯泡一般为__________的__________或__________。现在主要有__________、__________、__________、__________、__________、__________及__________。

除以上所述外，现代汽车还有各种__________、__________、__________、__________、__________和__________等。

（二）前照灯

1．前照灯的基本要求

（1）前照灯是__________的，因此首先要求前照灯必须具有足够的__________和__________，在__________行车时，车辆的前照灯可以发出__________光，其中一种__________较强，发出的__________，射程可以达到__________以上。现代汽车的照明将来达到__________的范围，这就是前照灯的__________，是__________的；而另外一种__________，发出的光线__________的地面，射程大概在__________，这就是前照灯__________的。远光灯的功率一般为__________，近光灯的功率一般为__________。

（2）前照灯必须有__________的装置，以免夜间行车时，使对方驾驶员炫目而造成__________。

2．前照灯的结构和类型

前照灯主要由__________、__________和__________组成。

（1）反射镜

反射镜材料一般有__________、__________和__________等，其表面形状为__________，其作用是__________，使得灯丝的发光强度__________，从而照亮车辆前方__________，甚至更远的路面。

（2）配光镜

我们看到的灯泡外面的__________叫做配光镜，它其实是由__________压制成的

______和______，也叫做______，它的作用是将______的______，使车辆前方附近的______和______都有良好的照明，使照明更加均匀。

前照灯有______和______之分，这是由灯泡中的______数量决定的。四灯制是指车辆的前照灯使用______，从外表上看有______的位置，两灯制是指车辆的前照灯使用______，从外表上看只有______的位置，目前多数车辆采用两灯制。

3．前照灯灯泡类型

前照灯灯泡类型，如图 4-2 所示。

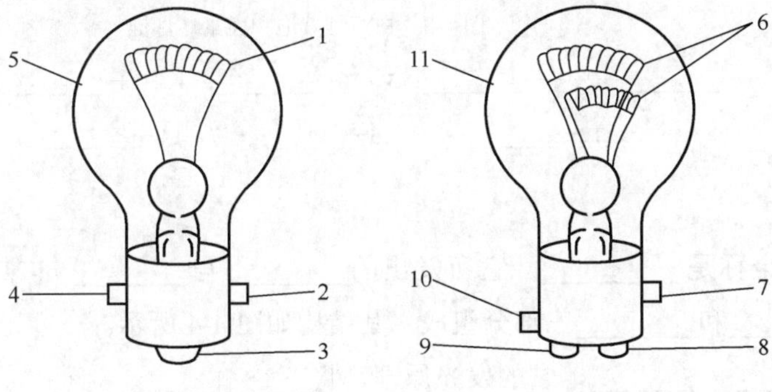

（a）单丝灯泡　　（b）双丝灯泡

图 4-2　灯泡

1、6—______；2、4、7、10—______；3、8、9—______；5、11—______；

（1）白炽灯

白炽灯是由一根______的______。当电流通过______时，它会______并发出______。在______作用下，钨丝中的______处在______后的______沉积在______的______上，时间长了就会有一层______，______的照射，灯的______，这就是所谓的______。灯泡使用的时间______，______的钨原子______，钨丝也会______，最终被______。______在制造时，要______，然后充入______和______的。在______内，由于______，这样可以______，所以能提高______的______，增强______，从而延长灯泡的______。

（2）卤素灯

卤素灯解决了普通______的上述问题。卤素灯就是在灯泡内的______。卤族元素是______的一种元素，简称______，包括______等元素。卤素前照灯比传统的白炽前照灯______，而且发光强度也会比一般灯泡增加______。现在的卤素灯玻璃是用______制成的，又称为石英卤素灯，如图 4-3 所示。它可以承受很高的温度。目前绝大部分汽车都采用了______。

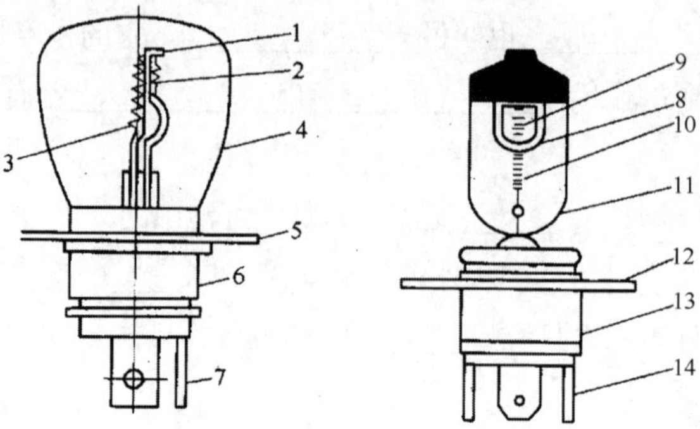

（a）白炽灯泡　　（b）石英卤素灯泡

图 4-3　白炽灯灯泡和卤素灯灯泡

1、8—________；2、9—________；3、10—________；4、11—________；

5、12—________；6、13—________；7、14—________

（3）氙气前照灯

氙气前照灯的全称是__________，它所发出的_________与_________非常相像。氙气前照灯由_________、_________和_________三部分组成，其结构如图 4-4 所示。

HID 是___________________，它的发光原理是将_______________至________________，通过__________________（灯泡内_________________，只充入__________________），使______________有如白昼般强烈的____________，接着再将____________，____________供应氙气灯泡发光。氙气前照灯的灯管是________________________，这其中就充满了____________及少许____________（或金属卤化物）。当在_________________________时，气体开始____________，____________即处于______________状态，使_____________________而开始发光。电极间____________________，光源立即________________，待_________________后再转入___________________________的光芒。另外，______________的活动能力会随着使用________________，因此氙气前照灯会_______________。

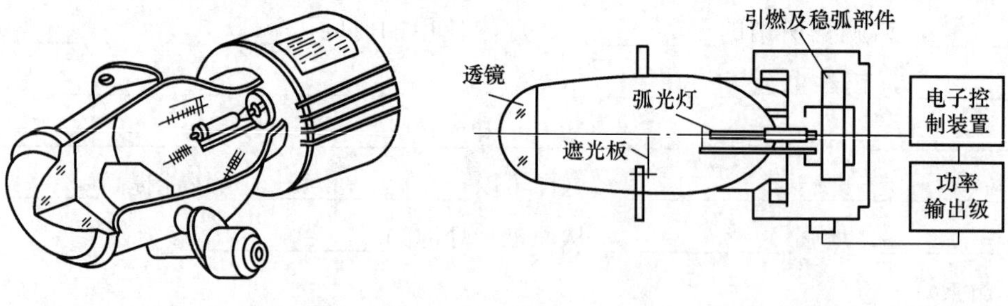

（a）外形　　（b）原理示意图

图 4-4　氙气前照灯

4．前照灯电路

前照灯电路由____________、____________、____________、____________及____________组成。

（1）车灯开关

现在车灯开关采用的是____________（见图 4-5）。这种组合开关兼有____________、____________和____________的作用。____________转动开关的尾端，就可以依次接通________和________。组合开关控制杆有____________三个位置；中、下位置是________；中间位置是________，将开关________，就可以由________；将开关从____________，就可以由____________。从中间位置____________ ____________，一松手____________，这种短时间的________可以作为________的信号。纵向前后扳动开关可以接通________转向灯。

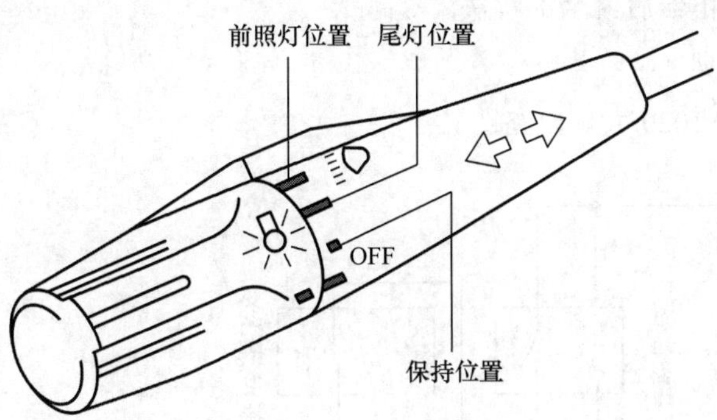

图 4-5 车灯开关

（2）继电器

它在汽车电路中的应用很多，是一种根据________或________的电气元件。继电器按照工作原理可分为________和________，其中________应用多。下面介绍电磁继电器。

如图 4-6 所示为____________，SW 和 E 两点之间是____________，B 和 L 之间是一个________________。当有________________通过 SW 和 E 之间的__________时，__________，产生的__________B 和 L 之间的________，也就使 B 和 L 所在的________。

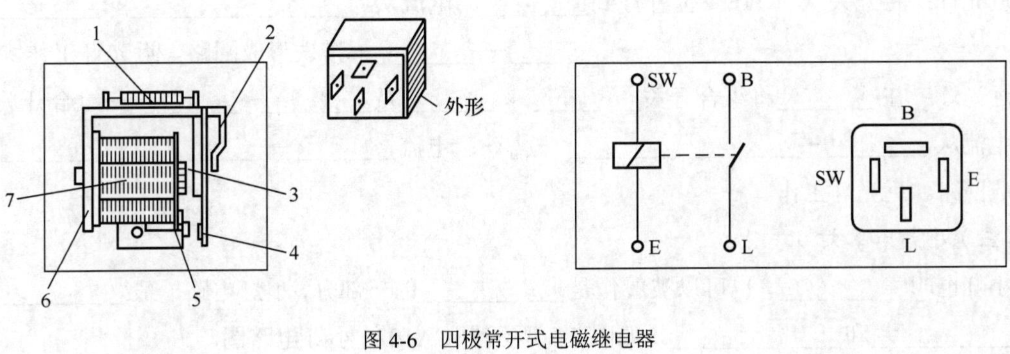

图 4-6 四极常开式电磁继电器

继电器的主要作用是________________。继电器线圈一般均会有________________的电阻，所以当______________时，会有较小的________________，而同时由于__________的__________，_____________，而____________，所以会__________。这就是简单继电器工作的基本原理。

在汽车上如果没有前照灯继电器就会带来以下不便。

① ________________，________________。

② 由于________________，________________的配线。

③ _________________会在开关处_________________，从而_________________开关寿命，____________驾驶危险性。

这些麻烦在使用继电器后就全部解决。

（3）前照灯工作原理

如图 4-7 所示为 CA1020 大灯电路图。

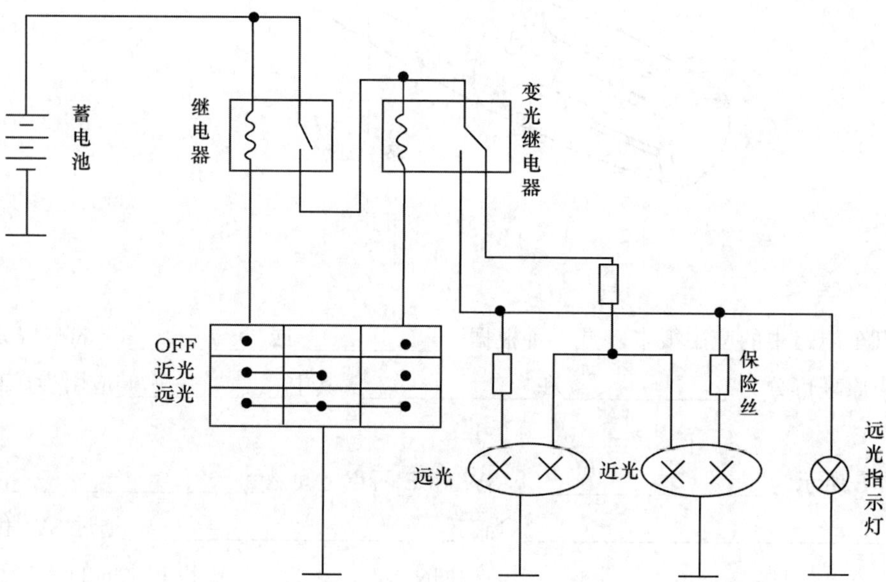

图 4-7　CA1020 大灯电路图

近光灯：将开关从“OFF”位置打到________，电流从________→________→________→搭铁；________→________→________→________→________→搭铁形成回路。近光灯工作。

远光灯：在________将组合开关________，________从________→________→组合开关→搭铁；电流从________→________→________→搭铁；电流________→________→________→搭铁形成回路。远光灯工作。

（三）小灯和雾灯

小灯也叫__________，也可以被看作是___________的一部分，小灯电路一般____________、_______________和_____________。如图 4-8 所示为 CA1020 小灯电路图。

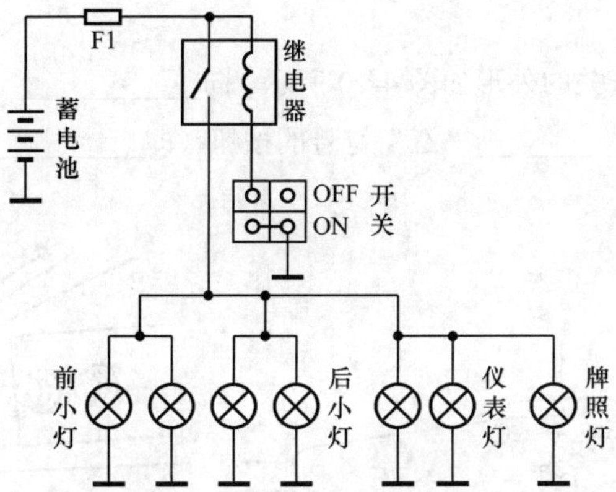

图 4-8　CA1020 小灯电路图

小灯工作过程如下。

将开关从“OFF”位置打到__________（ON）位置，电流从__________→__________→__________→搭铁；__________→__________→__________→__________、__________、__________→搭铁形成回路。____________________点亮工作。

雾灯都是要跟________________在一起，如图 4-9 所示为 CA1020 雾灯电路图。雾灯采用______________的黄色光，主要用在有______、______、______等恶劣情况下的行车照明。按照国家标准的规定，车辆至少应该具有____________和____________。

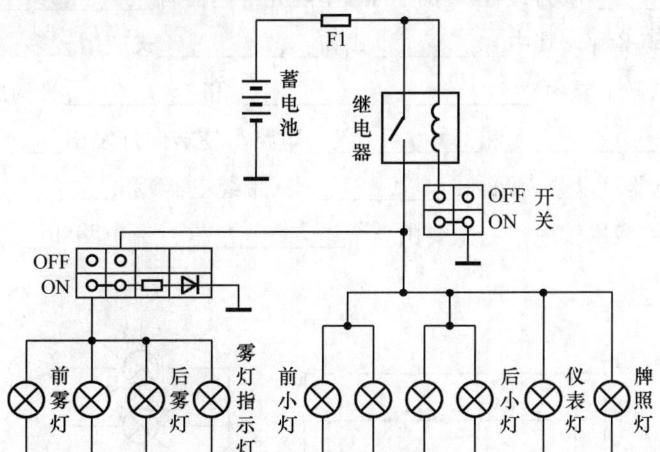

图 4-9　CA1020 雾灯电路图

雾灯工作过程如下。

在开着小灯的基础上将______________打到“ON”位置：蓄电池→______________→__________→__________→__________→搭铁形成回路。__________工作。

（四）转向灯和危险警告灯

转向灯和危险警告灯系统的主要部件有________、________、________和________，其中________是最主要的部件。

1．开关

转向开关和危险警告开关的外形如图 4-10 所示。向＿＿＿＿＿＿组合开关，就可以转向灯电路。按＿＿＿＿＿＿或＿＿＿＿＿＿“△”符号的按钮（即＿＿＿＿＿＿按钮），则＿＿＿＿＿＿＿＿＿＿＿＿。

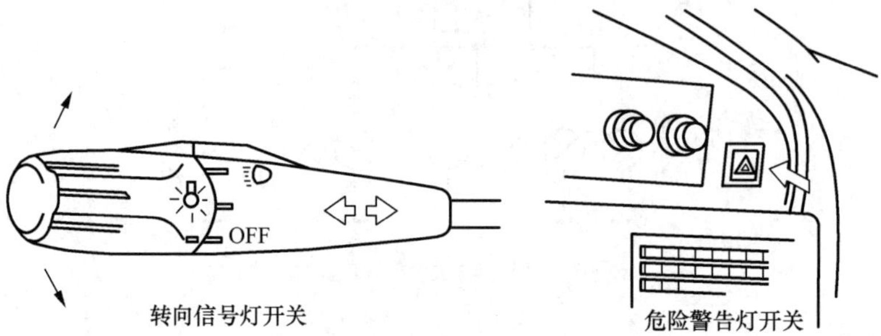

图 4-10　转向灯及危险警告灯开关

2．闪光继电器

当转向系统或警告系统工作时，电流流经＿＿＿＿＿＿→＿＿＿＿＿＿→＿＿＿＿＿＿＿＿＿＿＿＿→＿＿＿＿＿＿→接地。其中＿＿＿＿＿＿的作用是使＿＿＿＿＿＿和＿＿＿＿＿＿按照预定的＿＿＿＿＿＿。一般转向灯的＿＿＿＿＿＿为每分钟＿＿＿＿＿＿次，以每分钟＿＿＿＿＿＿次为最佳。常用的汽车闪光继电器有＿＿＿＿＿＿式（俗称电热式）、＿＿＿＿＿＿等多种，其中＿＿＿＿＿＿式和＿＿＿＿＿＿式应用较多。

电子式闪光继电器主要由＿＿＿＿＿＿、＿＿＿＿＿＿和＿＿＿＿＿＿等构成一个＿＿＿＿＿＿电路，利用晶体管的＿＿＿＿＿＿和＿＿＿＿＿＿电路，使转向灯发出＿＿＿＿＿＿的＿＿＿＿＿＿。

电子式闪光继电器可以分为两种：＿＿＿＿＿＿式（带继电器）和＿＿＿＿＿＿式（不带继电器），其中＿＿＿＿＿＿应用较多，它主要由一个＿＿＿＿＿＿电路和＿＿＿＿＿＿组成，如图 4-11 所示。

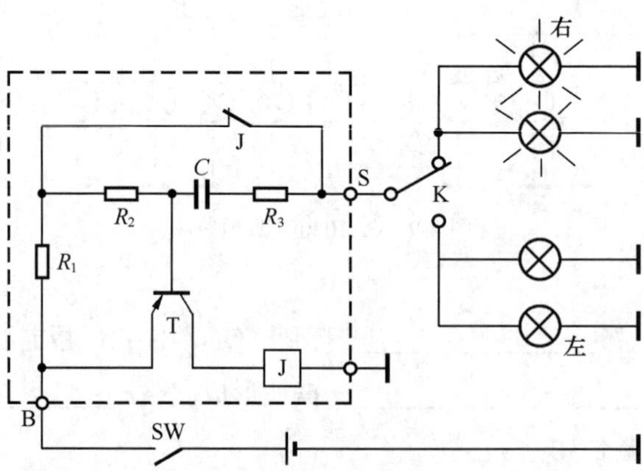

图 4-11　继电器及电路图

触点式电子闪光断电器的工作原理如下。

当汽车右转弯时，电流由__________→__________→__________→__________→__________→__________→__________→__________→搭铁→蓄电池负极构成回路。当__________时，在 R_1 上产生电压降，使__________因偏置电压而导通，集电极电流流经__________的线圈，其上产生的__________，右转向灯__________。

触点式晶体管闪光继电器的工作原理如下。

晶体管导通的同时，其基极电流向电容器充电，其充电电流流经__________→电源开关 SW→__________→__________→__________→__________→__________→__________→__________→__________→搭铁→蓄电池负极构成回路。在充电的过程中，随着__________的升高，充电电流__________，晶体管的__________。到此__________不足以维持衔铁的__________时，继电器 K 的__________又重新闭合，转向灯又__________。这时电容器 C 通过电阻 R_2，继电器的__________、电阻 R_3__________，放电__________在 R_2 上产生的__________提供__________，加速__________。当放电电流__________时，R_1 上的__________又为晶体管提供__________使之__________。这样电容 C 不断地导通和放电，__________就不断地__________和__________，__________的触点__________、__________，使转向灯闪烁。

3．转向灯和危险警告灯的工作过程

以五菱小旋风汽车带闪光继电器的转向灯电路为例，如图 4-12 所示。

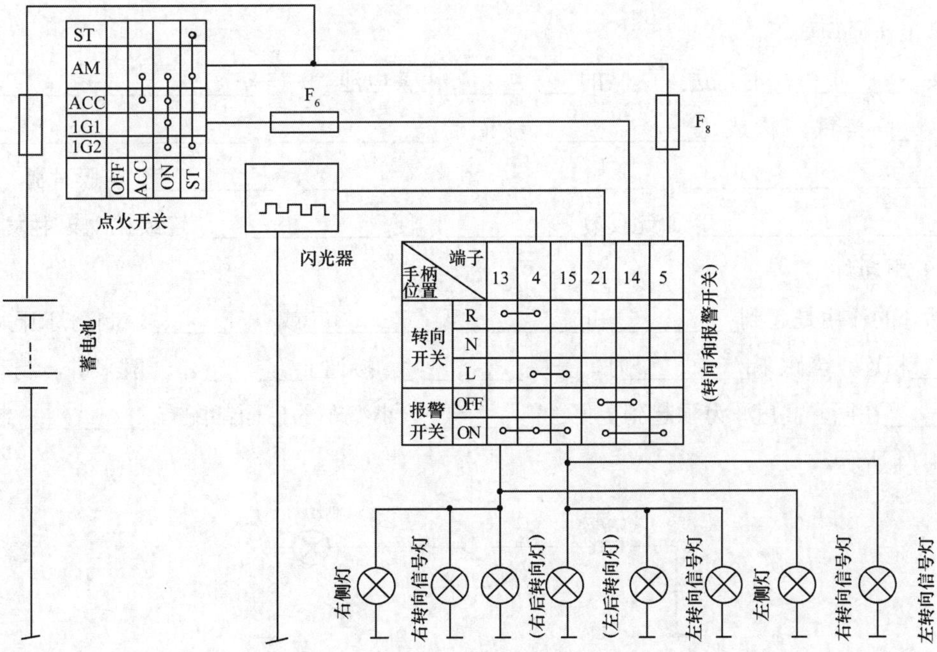

图 4-12　五菱小旋风汽车带闪光继电器的转向灯电路

（1）转向灯的工作过程：当汽车左转弯时，电流由蓄电池正极→__________→__________→__________→__________→__________→__________→搭铁→蓄电池负极构成回路，左转向灯闪光工作。

（2）危险警告灯的工作过程：电流由蓄电池正极→__________→__________→__________→__________→__________→搭铁→蓄电池负极构成回路，转向灯闪光工作。

（五）声音信号

如图 4-13 所示，__________就是汽车在行驶时，按下__________，__________就会发出__________，起到警告__________和__________的作用。

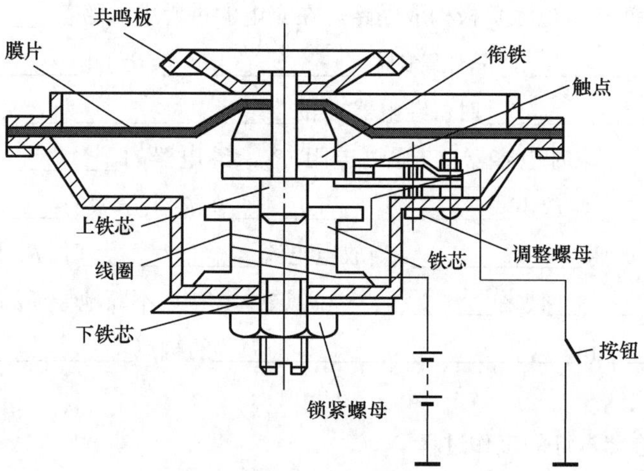

图 4-13　声音信号

喇叭工作原理如下。

当按下__________时，进入喇叭的__________由蓄电池“+”→__________→__________→__________→搭铁，构成__________。线圈后__________，__________，使__________，__________，__________，其__________，__________在膜片弹力的作用下__________，__________。如此反复__________，便__________连续振动辐射发声。

（六）制动灯

制动灯的作用是起到__________和__________要__________或__________。制动灯开关一般和__________相连。当踩下__________时，开关__________，接通__________。一般来讲，制动灯应该和__________在同一高度，为了起到更好的__________，小型车的后面都配有__________。制动灯电路如图 4-14 所示。

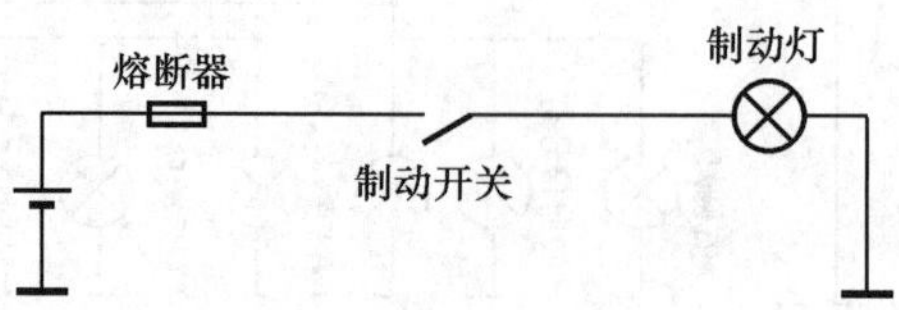

图 4-14　制动灯电路

当车辆需要刹车时，驾驶员踩下__________，使汽车______________。在这个过程中，电流流经蓄电池正极→__________→__________→__________→搭铁→蓄电池负极构成回路。制动灯不受__________的控制，只受__________的控制，而制动开关一般均与__________相连，不设单独的。

（七）倒车灯

汽车倒车灯的作用是____________________________时照明，当倒车灯____时，示意汽车正在__________。倒车灯的开关和__________相连，当汽车挂__________时，倒车灯的__________，接通__________电路。倒车灯电路如图 4-15 所示。

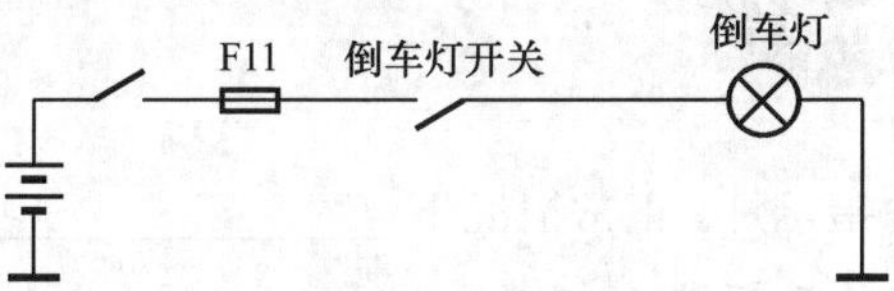

图 4-15　倒车灯电路

当挂上倒挡时，电流流经_____________→_____________→_____________→___________→_____________→搭铁，构成回路。倒车灯受__________控制，只有点火开关处于“__________”位置才能接通倒车灯电路。

三、仪表与报警电路

（一）仪表系统的组成

1. 指示灯

驾驶员座位前方的仪表板上装有__________，这些仪表的作用是为了便于驾驶员__________车辆和__________的各种状况。汽车驾驶室操纵件__________及__________的图形标志如下。

① _________指示灯

显示_________是否完全_________。_________打开或未能关闭时，相应的指示灯亮起，提示车主_____________，_________后熄灭。

② _________指示灯

_____________________时，此灯点亮。_________被放下时，该指示灯自动熄灭。在有的车型上，_________不足时此灯会亮。

③ ________指示灯

显示__________的指示灯。接通________后亮起，________后熄灭。如果________或长亮不灭应立即检查。

④ ________指示灯

显示刹车盘片磨损情况的指示灯。正常情况下____________________，点亮时提示车主应及时更换磨损过度的刹车片，修复后熄灭。

⑤ ________指示灯

显示发动机机油压力的指示灯。本灯亮起时表示润滑系统失去压力，可能有渗漏，此时需立即停车关闭发动机进行检查。

⑥ ________指示灯

显示发动机冷却液温度过高的指示灯。此灯点亮报警时，应即时停车并关闭发动机，待冷却至____。

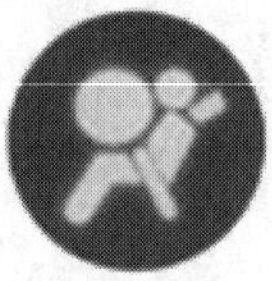

⑦ ________指示灯

显示安全气囊工作状态的指示灯。接通电门后点亮，3～4s 后熄灭，表示系统正常，不亮或常量表示____。

⑧ ________指示灯

接通电门后点亮，3～4s 后熄灭，表示__________________。不亮或长亮则表示系统故障，此时可以继续低速行驶，但应避免急刹车。

⑨ __________灯（故障灯）

发动机工作状态的指示灯。接通电门后点亮，__________________________，发动机正常。不亮或长亮表示发动机故障，需及时进行检修。

⑩ __________指示灯

提示燃油不足的指示灯。该灯亮起时，表示__________________________，一般从该灯亮起到燃油耗尽之前，车辆还能行驶约 50km。

⑪ __________指示灯

显示风挡清洗液存量的指示灯。如果________________________，该灯点亮，提示车主及时添加清洗液。添加清洁液后，指示灯熄灭。

⑫ __________指示灯

本灯多见于大众公司的车型中。车辆开始自检时，_________________________，随后熄灭，出现故障，本灯亮起，应及时进行检修。

⑬ __________指示灯

该指示灯用来显示前后雾灯的工作状况。前后雾灯接通时，两灯点亮，左侧的是_____________显示，右侧为后____。

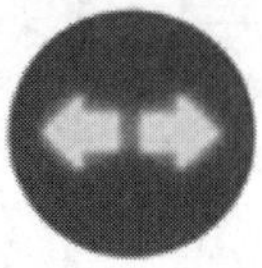

⑭ ________指示灯

转向灯亮时，相应的转向灯________________________。按下双闪警示灯按键时，两灯同时亮起，转向灯熄灭后，指示灯自动熄灭。

⑮ ________指示灯

显示大灯是否处于远光状态。通常的情况下，该指示灯为___________________。在远光灯接通和使用远光灯瞬间点亮功能时亮起。

⑯ ________指示灯

显示安全带状态的指示灯。按照车型不同，___________________，或者直到系好安全带才熄灭，有的车型还会有声音提示。

⑰ ________指示灯

该指示灯用来显示自动挡的___________________的工作状态。当该挡指示灯闪亮，说明 O/D 挡已锁止。

⑱ ________指示灯

该指示灯用来显示车辆空调系统的工作状态，平时为________________。当打开内循环按钮，车辆关闭外循环时，该指示灯自动点亮。

⑲ ________指示灯（危险警告灯）

该指示灯用来显示车辆示宽灯的工作状态。平时为熄灭状态，当示宽灯打开时，该指示灯随即点亮，说明该车有________________。在大雨或大雾中行驶一般需要打开此灯。

⑳ ________指示灯

该指示灯用来显示车辆________________，多出现在日系车上。当该指示灯点亮时，说明 VSC 系统已被关闭。

㉑ ________指示灯

该指示灯是用来显示车辆________________的工作状态，多出现在欧系车上。当该指示灯点亮时，说明 TCS 系统已被关闭。

2．仪表

仪表板上装有各种计量、________________等。过去的车辆多采用指针式仪表来显示车辆状况，现在的车辆上越来越多地使用数字式电子仪表。仪表板（见图 4-16）上主要的仪表有以下几种。

图 4-16　仪表板

① 燃油表，用来显示油箱中的________________。

② 水温表，用来显示发动机冷却液的________________。

③ 车速表，包括显示________________、显示车辆行驶总里程的里程表及可以根据需要复位归零的短行程里程表。

④ 转速表，显示发动机________________，单位为 r/min（转/分）。

（二）常用仪表工作原理

在介绍常用仪表前，先介绍双金属元件和稳压器。这两种元件在仪表中使用得非常多。

双金属元件是由________________组成的，外面缠绕有发热线圈。当发热线圈中有电流流过时，线圈产生的热量使双金属臂向热膨胀系数较小的一端弯曲；当断开电源以后，双金属臂得以________________________。这就是双金属元件的工作原理。

电源的电压波动会对双金属型仪表产生影响，电压的波动使得________________，在显示器上就表现为显示值有误差。为了避免这种误差，仪表内装有稳压器。

稳压器由一个动断触点和一个双金属元件构成。当电压加至稳压器时，电流流过双金属元件，电流使______________________，双金属臂因受热__________________。当双金属臂弯曲时，触点断开，流过发热线圈的电流被切断，双金属臂得以冷却而伸直，触点重新闭合。上述过程循环进行，触点的打开、关闭没有固定的时间，而是随着输入电压的______________。

（三）电流表

电流表用来指示蓄电池的充电和放电电流值。常用的有电磁式、动磁式和磁片线圈式等。

下面以动电磁式电流表为例进行说明。

动电磁式电流表由以下部件组成：______________________，两端与电源正、负极接线极柱相连，中间夹有_____________，与导电板固定在一起的针轴上装有指针和永久磁铁转子（简称磁钢指针）。

在没有电流通过时，磁钢指针通磁轭构成_________________，使指针保持在中间“0”位置。当电流流过________________________时，在导电板的周围就产生了磁场，使浮装在导电板 中心的磁钢指针向负方向旋转偏，指示放电电流的大小。电流越大，指针偏转角度也就越大，__________________。如果是充电电流通过导电板，那么指针偏转方向也会相反，指示放充电电流的大小。

注意：电流表的接线极柱是有____________________，接线时不可接错。负极接线极柱接蓄电池正极，正极接线极柱接发电机的__________________________________。

（四）燃油表

燃油表的显示器中装有一个双金属元件，传感器中则装有一个___________________，如图 4-17 所示。当点火开关打开至“ON”的位置时，电流通过显示器内的稳压器和电热丝，然后经传感器中的滑线电阻接地。当电流通过显示器中的电热丝时，电热丝发热，使双金属元件弯曲，其____成正比。

电流强度的大小是由_______________________________________。如图 4-17 所示，浮子式滑线电阻器包括一个可随燃油液面高度的高低而上下浮动的浮子、一个内置滑线电阻传感器及一条浮子臂。电阻器滑线的接触位置随着________________，从而改变电阻值。

当燃油液位较高的时候，电阻器的阻值较低，所以电流强度较大，这时电热丝发出较高的热量，使双金属元件弯曲，指针朝___________________________字样一侧移动。

当燃油液位较低的时候，电阻器的阻值较大，所以__________________________，这时电热丝发出较低的热量，使双金属元件变形较小，指针只偏移较小的角度。

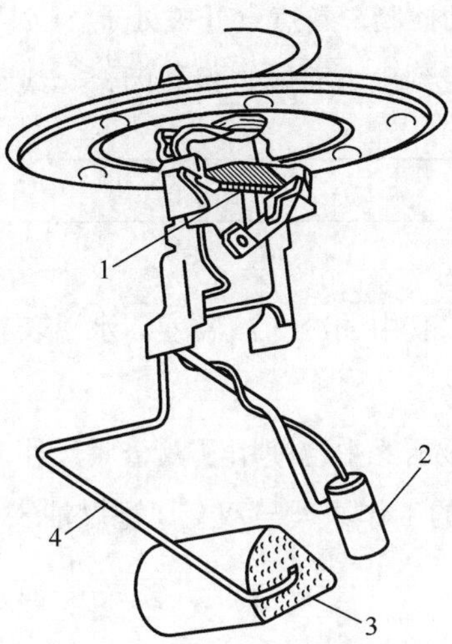

图 4-17 浮子式可变滑线电阻器

1—滑线电阻器；2—热敏电阻；3—浮子；4—浮子臂

（五）机油压力表

机油压力表可以显示________________，使驾驶员了解润滑系统的故障。机油压力表也是一种双金属型仪表，如图 4-18 所示。

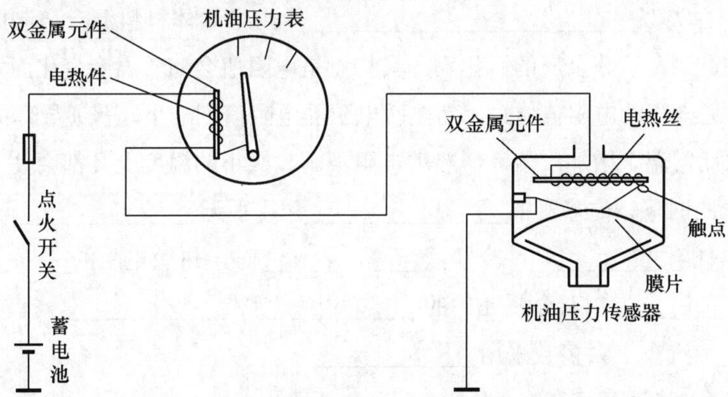

图 4-18 机油压力表及传感器

传感器中双金属元件上有一些触点，这些触点可以根据流经显示器电热丝的电流强度而推动仪表指针。当机油压力为 0 时，这些触点闭合点________火开关，也没有电流经过触点，指针不动。在机油压力低时，膜片推动触点产生轻微的接触，电流流经传感器和显示器间的电热丝。由于触点接触压力低，极弱的电流便可以使双金属丝元件弯曲而断开触点，所以显示器中双金属元件的____________，只有轻微的弯曲，指针偏转量很小。

（六）机油压力报警灯电路

如图 4-19 所示，一般来讲，机油压力报警灯采用__________，传感器内的膜片承受机油压力，活动触点受膜片的移动控制。当点火开关处于“ON”的位置还没有起动发动机时，机油压力报警灯点亮，因为膜片未受到压力而触点保持闭合，线路接通至接地。当起动发动机后，发动机油压建立，____

____。

（七）水温表

水温表用于显示发动机冷却水套中的冷却液温度。水温表有两类，即双金属电阻型和交叉线圈型。

水温双金属电阻型水温表的显示器中也使用了双金属元件，而传感器部分则采用了热敏电阻，如图4-20所示。双金属型水温表的工作原理与双金属型燃油表相同。

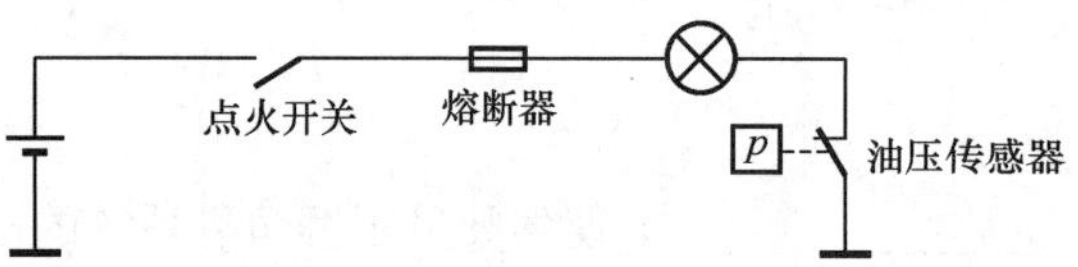

图4-19　机油压力报警灯电路

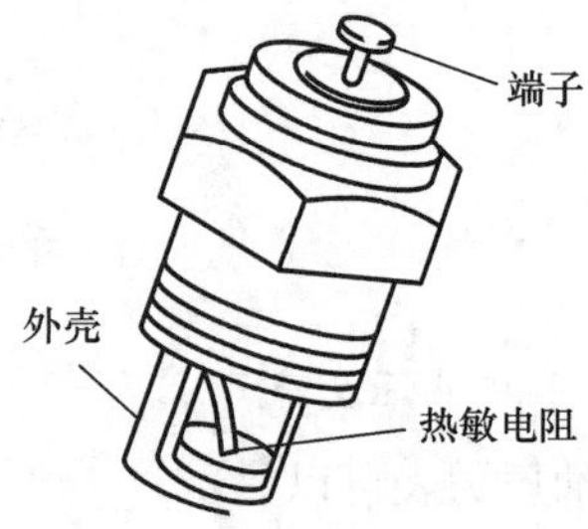

图4-20　水温传感器

热敏电阻是一种类似______________________，由半导体材料混合烧制成，组成材料主要有锰、钴、镍、铁、铜和钛等金属的氧化物。其特点是电阻值会随着温度变化而发生很大的变化。当温度升高时，普通电阻的电阻值增大，而热敏电阻的电阻值则减小。普通导体的电阻值在温度上升几百摄氏度时只比常温下增加一倍，但热敏电阻不同，极小的温度上升都会使其电阻迅速下降。

冷却液温度低的时候，传感器中______________，几乎无______________，电热丝只能产生__________指针只能__________。冷却液___________时，热敏电阻的___________，电流变大，电热丝的___________，双金属元件的___________随___________，指针摆动幅度较大，提示___________。汽车上大多数采用___________。

（八）发动机冷却液温度报警灯

冷却液温度报警灯一般采用___________。温度传感器，如图4-21所示，由___________和___________一个由___________共同组成一个触点副。双金属丝随着________________，活动触点_______________。当温度较高时，双金属丝的____________，____________，电路接通__________，报警灯就点亮了。

这种报警系统采用常开式开关，当点火开关在“ON”的位置时，灯是不亮的。一般为了确定灯泡良好，可以在电路中增设探测电路。

点火开关在“START”的位置时，探测电路通过点火开关接通报警灯至搭铁的回路。这样，在发动机起动时报警灯点亮，提示报警灯灯泡在正常工作。

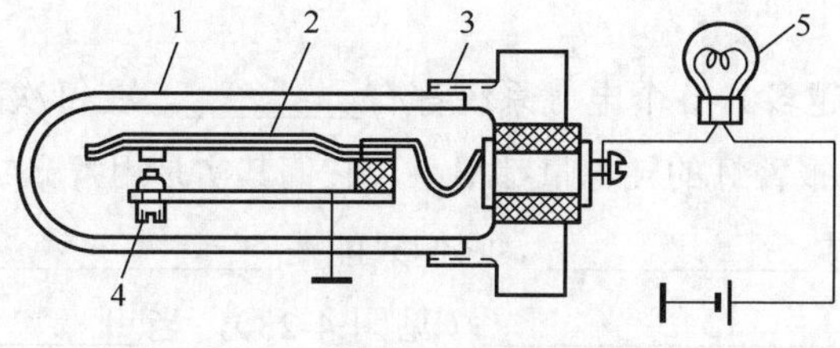

图 4-21 发动机冷却液温度报警灯传感器

1—水温传感器套筒；2—双金属片；3—螺纹接头；4—活动触点；5—冷却液温度报警灯

（九）车速和里程表

车速和里程表用来指示________________，可分为__________和__________两种。

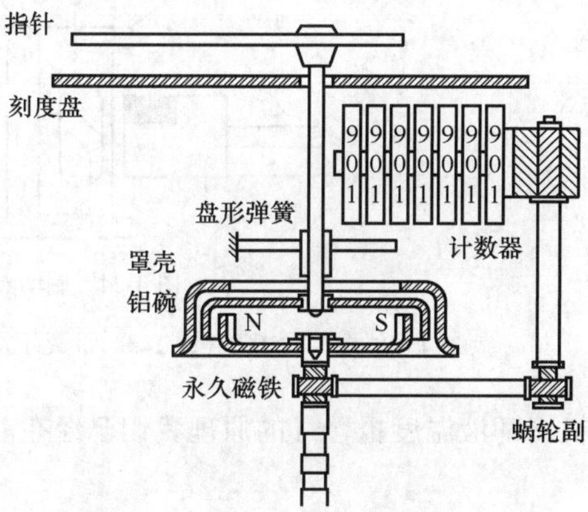

图 4-22 机械传动磁铁式车速和里程表

磁感应式车速表使用________和________________________相连，变速器的输出轴带动车速表的软轴在____________________（见图 4-22），软轴带动________，表芯内是相连的________。永久磁铁外面套有一个铝杯，车速表的指针就________。车速表的指针和软轴之间没有任何机械连接。

永久磁铁在旋转过程中在________________，使铝杯________________。这些涡流电流产生的磁场与旋转磁场相互作用形成合磁场，合磁场力牵引________________。游丝的反力矩使铝杯只能__________，__________随着而在__________。

里程表由车速表蜗杆驱动。里程表一般有________，每个数字轮编有________。这些数字轮啮合在一起，____，依次向左。目前多数里程表装有两个计数器，一个________，称为________，可以用来________；另外一个为________。

（十）发动机转速表

发动机转速表的作用是__________________，__________________。一般汽油机转速表接受__________________，火花塞__________________。火花塞发火频率与______________，转速表内的电路将____________________________，加至作为发动机转速表使用的电压表。

（十一）报警灯

仪表中的报警灯越来越多。各个电气系统都有________，在每次车辆起动时这些报警灯都会______________。这些报警灯的耗电量都很小，它们其实是用发光二极管（LED）做成的。

发光二极管通常设计成____________，它们只能在_____________，在强光下难以看清。发光二极管上有一个______________________（见图 4-23），当______________，____________________________，产生的能量以光的形式释放出来。不同材料制造的 LED 发出____________________。发光二极管的工作情况与普通二极管相同，不同之处就在于____________________________。

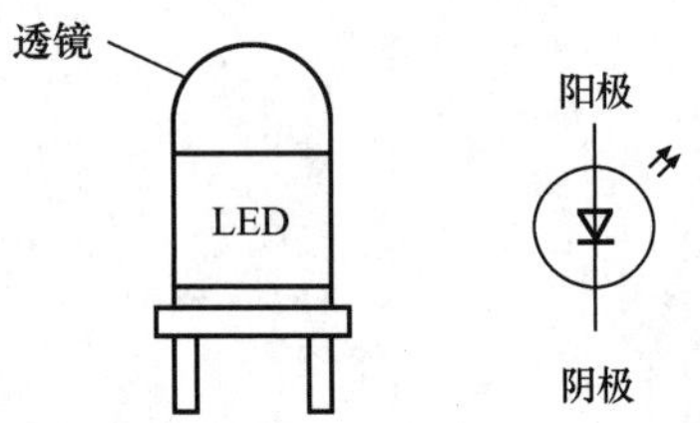

图 4-23　发光二极管

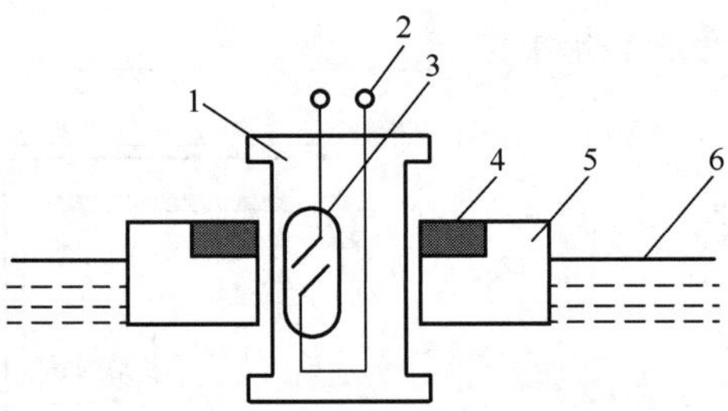

图 4-24　制动液面警告灯开关

1—外壳；2—接线极柱；3—舌簧开关；4—永久磁铁；5—浮子；6—液面

机油压力报警灯和发动机冷却液温度报警灯的原理我们已经在前面讲过了，下面讲述制动液面警告灯和充电指示灯。

1．制动液面警告灯

制动液面警告灯的开关如图 4-24 所示，其原理是利用____________________________。当__________________，舌簧开关处于___________，当制动系统__________________，该侧的永久磁铁即___________，磁场方向的改变使_________，_________，制动灯点亮。

2．充电指示灯

充电指示灯用来代替电流表。多数车辆当__________时，充电指示灯点亮，当发电机开始________；少数车辆反之。

（十二）电子仪表

电子显示组合仪表的用途和功能与_________，都是利用________________并把这些信号____，使驾驶员可以确定__________、__________、__________、__________及车辆的其他情况。不同之处在于______________________________，并将这些数据用数字或条形图的方式显示出来。

1．电子显示组合仪表的特点

（1）易于辨认

现代汽车的电子化程度越来越高，其中包含着________，而电子显示组合仪表将这些电子信息以________，将车辆情况及时提供给驾驶员，方便驾驶员及时处理各种情况。

（2）精确度高

传统的指针式仪表显示的是________，而电子显示仪表显示的是________，而且信息刷新得很快，甚至有些系统的____________________。

（3）可靠性高

由于电子显示组合仪表中没有任何可动部件，所以____________________。

（4）使每个测量仪表和计量仪表都具有最佳的显示形式

电子显示组合仪表使用了__________________________等多种表示方法，使驾驶员可以对车辆的状况一目了然，并做出及时的调整。

2．各种仪表的组成和工作原理

电子显示组合仪表包括：__________、__________、__________、__________等开关信号、________、________或________等显示元件。

（1）车速表

车速表传感器为________，车速信号被________，微机根据________，并控制荧光显示器显示微机输出的车速。

比如光电式车速表传感器（见图 4-25），它由常规的车速表软轴驱动，软轴带动开有方孔的轮子在____________________。由于轮子反复____________________，光电晶体管便发出一连串的______________。集成电路将____________________________。每秒脉冲数换算成 m/h（英里/小时）或直接换算成 km/h（千米/小时），以数字的形式显示在显示屏上。

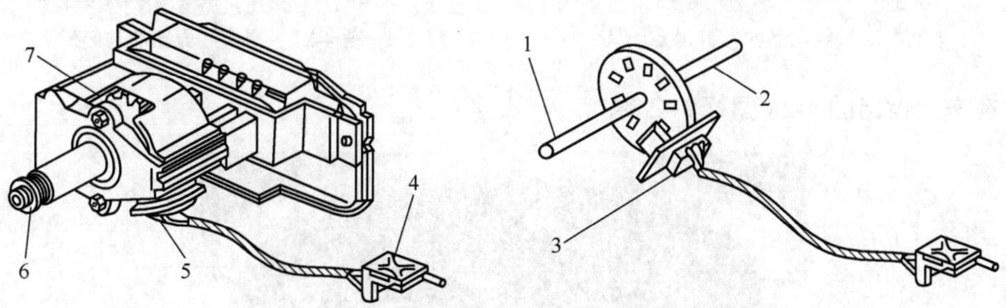

图 4-25 光电式车速表传感器

1—车速表软轴；2—接里程表；3、5—光电式传感器；4—从光电式传感器接至仪表的插头；6—车速表软轴连接器；7—带方孔的轮子

（2）转速表

转速表传感器信号是________________，微机接收后________________，然后________________，将发动机的转速以________________。

（3）水温表

水温表传感器电阻______________，使得______________。微机检测到______________，便将其与________________，然后在荧光显示器上显示出来。

水温表的输入信号来自________________。当发动机________________，电阻的________________，导致________________，此时在仪表上显示________________。热敏电阻的电阻值________________，输入给________________，在仪表上显示的________________。当冷却液温度________________，微处理器便提示驾驶员注意________________。

（4）燃油表

燃油表传感器浮子位置随________________，使得________________。微机将检测到的________________，然后在________________。如果按下________________，能够使燃油________________，松开开关，这种________________。

任务实施

一、继电器的检测

① 用万用表的蜂鸣挡测量继电器的________________________，如图 4-26 所示。

② 用万用表的蜂鸣挡测量继电器的________________________，如图 4-27 所示。

图 4-26　测量继电器的常开触点

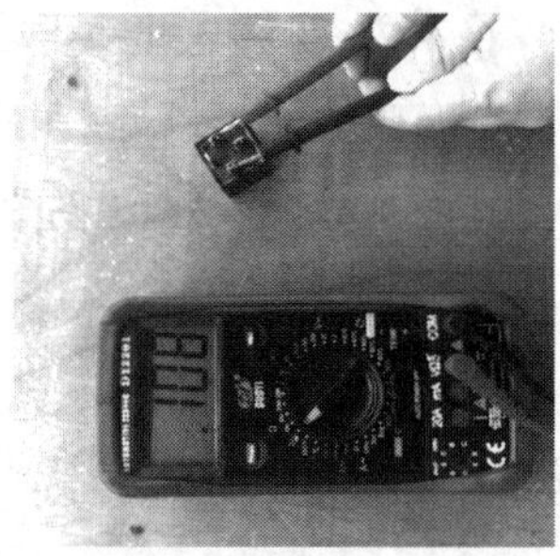

图 4-27　测量继电器的常闭触点

二、在车上指出图 4-28 图标的名称

图 4-28　仪表板

1. 燃油表（见图 4-28 左一），用来显示________________________________。

2. 水温表（见图 4-28 右一），用来显示发动机冷却液的________________________。

3. 车速表（见图 4-28 左二），包括显示车速的时速表、显示车辆行驶总里程的里程表及可以根据需要复位归零的短行程里程表。

4. 转速表（见图 4-28 右二），显示发动机________________________________。

综合故障排除

国庆期间何先生开着自己的爱车（2015 款卡罗拉轿车）去旅游，在回家的路上，发现远光灯不亮、制动灯也不亮，请根据所学知识分析其故障发生的原因并制定解决方案，根据方案排除故障。（限电源系统）

一、知识链接

① 照明、信号、仪表及报警系统相关理论知识。

② 照明、信号、仪表及报警系统零部件的拆装、检修。

③ 照明、信号、仪表及报警系统执行件的检测。

故障分析：照明、信号、仪表及报警系统存在的故障一般为短路、断路、导线连接不良、元器件失效、导线连接错误等故障。

二、故障点检查

1．检查灯泡是否损坏

2．保险丝检查

用万用表检查相关电路的保险是否熔断。

3．检查大灯及制动灯线路电压

4．检查大灯及制动灯开关

5．检查变光继电器

6．根据客户陈述检查各故障点并按要求填写车辆检查问诊单（见表 4-1）

表 4-1　车辆检查问诊单

<table>
<tr><td>客户姓名</td><td></td><td>车牌</td><td colspan="3"></td></tr>
<tr><td>客户电话</td><td></td><td>车型</td><td colspan="3"></td></tr>
<tr><td>维修顾问</td><td></td><td>车架号</td><td colspan="3"></td></tr>
<tr><td>预计交车时间</td><td></td><td>行驶里程数</td><td></td><td>燃油表显示</td><td></td></tr>
<tr><td colspan="2">外观确认：
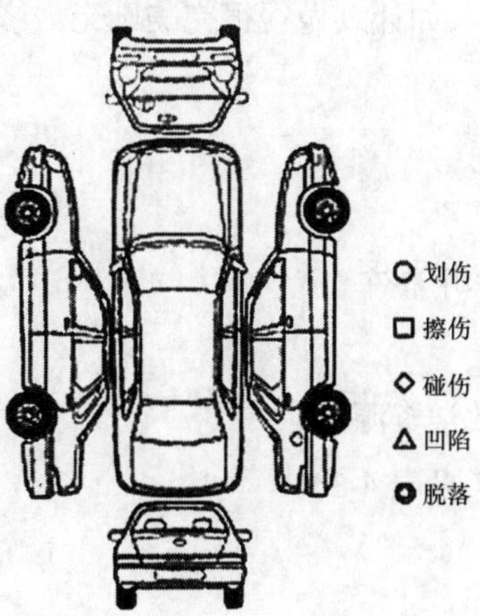
</td><td colspan="4">仪表故障信息：

其他：</td></tr>
</table>

续表

<table>
<tr><td rowspan="3">客户陈述故障</td><td colspan="3"></td></tr>
<tr><td colspan="3"></td></tr>
<tr><td colspan="3"></td></tr>
<tr><td rowspan="3">报检项目</td><td colspan="3"></td></tr>
<tr><td colspan="3"></td></tr>
<tr><td colspan="3"></td></tr>
<tr><td rowspan="3">建议维修项目</td><td colspan="3"></td></tr>
<tr><td colspan="3"></td></tr>
<tr><td colspan="3"></td></tr>
<tr><td>客户签字</td><td></td><td>服务顾问签字</td><td></td></tr>
</table>

三、制定计划

老师将学生分成若干小组，每组 5 人左右，每组选出一个组长，组长负责对组员进行任务分配，组员按照组长的要求完成相应的任务，并将所完成的任务内容填入表 4-2 中。

表 4–2　制定计划表

<table>
<tr><th>序号</th><th>任务</th><th>个人任务</th><th>完成情况</th><th>教师或组长检验结果</th></tr>
<tr><td>1</td><td rowspan="4">远光灯不亮、制动灯也不亮（限照明、信号、仪表及报警系统），请根据所学知识排除相关故障</td><td></td><td></td><td></td></tr>
<tr><td>2</td><td></td><td></td><td></td></tr>
<tr><td>3</td><td></td><td></td><td></td></tr>
<tr><td>4</td><td></td><td></td><td></td></tr>
</table>

四、检查修改计划

教师检查学生做的计划，根据要求提出相应的修改计划（如计划做得很完美则无需修改，直接进入下一阶段）。

五、实施

1．教学准备

① 一体化实训场地准备：工作台、电气实训台架、教学用整车。

② 工具准备：拆装工具套装、测量工具。

③ 资料准备：教学课件、视频资料、维修手册、网络教学资源。

2．根据检查的结果制定维修方案并按要求填写维修卡（见表 4-3）

表 4-3 维修卡

服务专员		日期		制单人员	
工单号		进厂日期		发动机号	
车主		车主电话		车架号（VIN）	
地址					
车牌号		车型			
检查结果					
维修方案	1．拆装				
	2．维修				
	3．更换				
维修人员签字		组长签字		指导教师签字	

3．根据维修方案排除故障并按要求填写维修工单（见表 4-4）

表 4-4 维修工单

服务专员		日期		制单人员	
工单号		进厂日期		发动机号	
车主		车主电话		车架号（VIN）	
地址					
车牌号		预定交车时间		质检	
车型		路试		洗车	
维修类别		进厂里程		保修结束里程	
维修项目	维修内容		工时	单价	金额
1．拆装					
2．修复					
3．喷漆					
4．更换					
5．机修					

续表

6. 四轮定位					
客户签字		维修技师签字		洗车技师签字	
		终检签字		维修经理签字	

六、评估效果

整体任务完成情况评价及评分标准，如表 4-5 所示。

表 4–5　整体任务完成情况评价及评分标准

评价内容及评分标准		自我评价（打分）	小组相互评价（打分）	教师评价（打分）
信息收集（15 分）	理解任务或问题的程度（5 分）			
	收集信息的完整性（5 分）			
	对信息（知识）的领会性（5 分）			
制定计划（20 分）	计划制定参与程度（10 分）			
	计划的合理性及实用性（10 分）			
修改计划（15 分）	和老师怎么讨论计划（5 分）			
	和老师讨论后，是否知道如何改进计划（5 分）			
	计划修改后的完整性（5 分）			
实施（20 分）	是否按计划进行工作（5 分）			
	是否亲自实施计划（5 分）			
	是否记录工作过程及结果（10 分）			
检查（15 分）	是否按计划的要求去完成任务（5 分）			
	是否达到预期目标（5 分）			
	整个工作流程是否与标准流程符合（5 分）			
评价（15 分）	按计划是否完成了任务或解决了问题（5 分）			
	在哪个环节上可以改进（2 分）			
	学习团队的合作情况（3 分）			
	现场 5S 及劳动纪律（5 分）			
总分				
总评				

技能考核

照明、信号、仪表考核评分表，如表 4-6 所示。

照明、信号及仪表考核（时间：30 分钟）

表 4-6　一体化项目（任务）考核评分表

任课教师签字：

序号	考核内容	配分	评分标准	考核记录	扣分	得分
一	考前准备	2	备齐所需的工具及设备			
二	传感器的测量（70 分）	15	1．指出各照明灯的位置			
		8	2．说出仪表盘各指示灯的含义			
		8	3．测量远光灯的电路（从组合开关、继电器到灯泡）			
		8	4．测量近光灯的电路（从组合开关、继电器到灯泡）			
		8	5．测量转向灯的电路（从组合开关到灯泡）			
		8	6．测量刹车灯的电路（从组合开关到灯泡）			
		5	7．测量倒车灯的电路（从组合开关到灯泡）			
		5	8．测量示宽灯的电路（从组合开关到灯泡）			
		5	9．测量变光继电器			
三	基础知识填空	15	1．回答正确、书写工整、按时全部完成			
四	职业素养（13 分）	5	1．课堂纪律			
		5	2．文明操作			
		3	3.工具及设备的整齐、清洁度			
五	时间要求		每超过 1 分钟扣 1 分，超过 10 分钟者不予及格			
合计		100				

项目五 5 辅助电气设备

基础知识填空

一、刮水器

1. 电动刮水器的结构及组成

为在各种使用条件下保证挡风玻璃表面________、________，使驾驶员视觉效果________，在车辆上安装了________、________和________。

电动刮水器主要由________、________、________、________、________及________等组成，机械传动关系如图 5-1 所示。

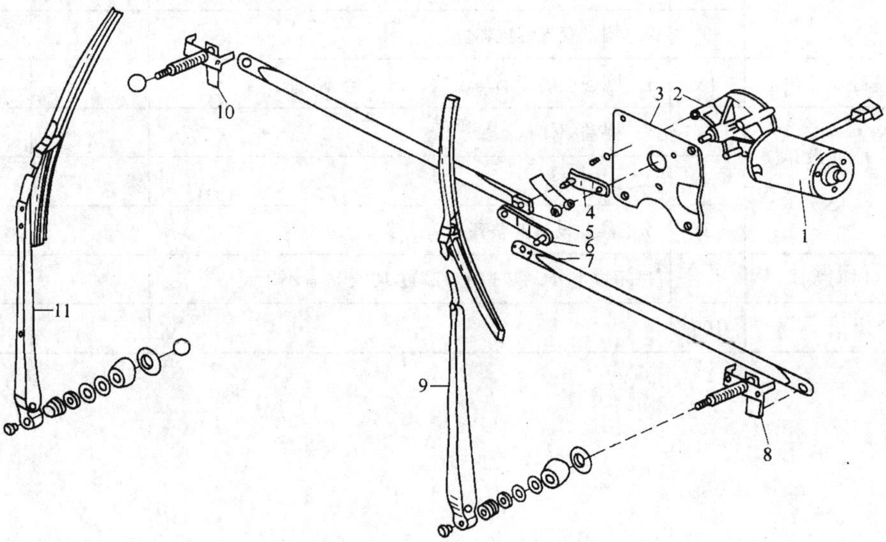

图 5-1 电动刮水器

1—________；2—________；3—________；4、6—________；5、7—________；

8、10—________；9—________；11—________

刮水器电动机按其磁场结构来分，有________式和________式两种。目前采用永磁式电动机较多，因它的磁场为________，具有________、________、________、________、________等特点，故在大多数汽车上采用。

如图 5-2 所示，永磁式电动机由________、________、________和________组成。减速机构采用________，它和________一般与电动机制成一体，使________。

永磁式电动机的________是不能改变的。为了改变工作速度可采用________电动机，通过三个电刷可以改变________、________电刷之间串联的电枢绕组个数，从而实现________。

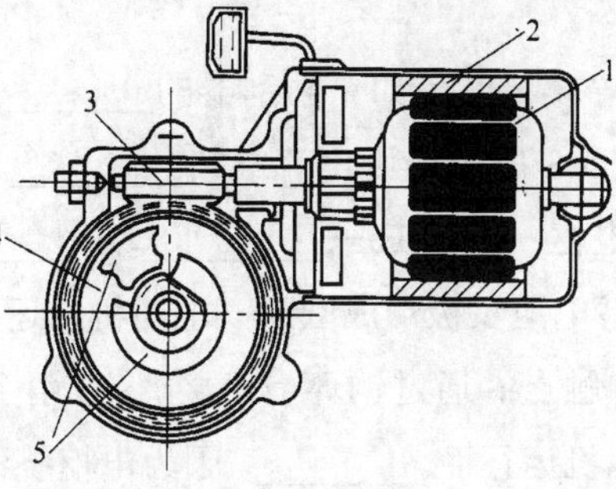

图 5-2　永磁电动机

1—________；2—________；3—________；4—________；5—________

2．永磁式电动雨刮器工作过程

永磁式电动雨刮器的磁场强度是________的，它利用________改变________的线圈数实现________。其结构如图 5-3 所示。

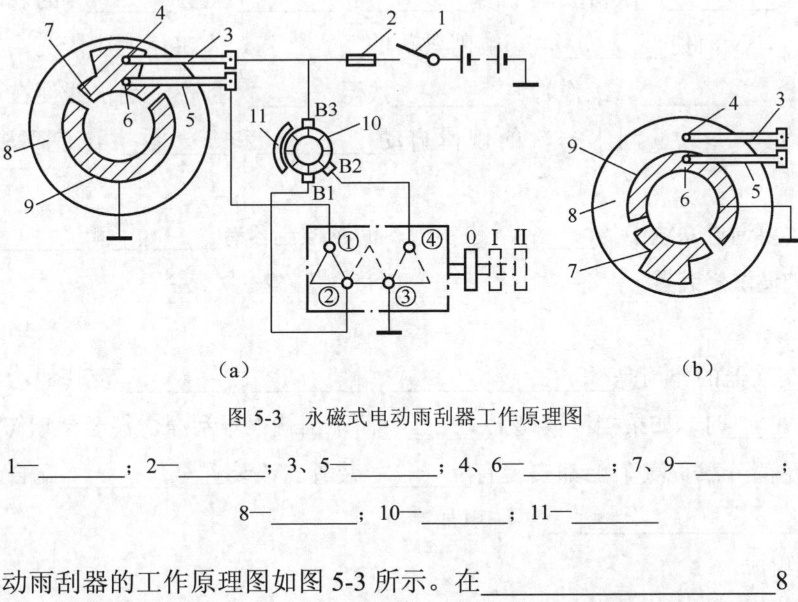

（a）　（b）

图 5-3　永磁式电动雨刮器工作原理图

1—________；2—________；3、5—________；4、6—________；7、9—________；

8—________；10—________；11—________

永磁式电动雨刮器的工作原理图如图 5-3 所示。在________________8（由尼龙制成）上嵌有________，此铜环分________部分，其中面积较大的一片 9 与电动机________（搭铁）。触点臂 3、5 用________或________制成，其一端分别铆有________4、6。由于触点臂 3、5 具________，因此当蜗轮 8 转动时，触点 4、6 与蜗轮 8 的________（包括铜环 7、9）保持________。

当开关接通，把雨刮器开关置于 I 挡（低速）时，电流经________→________1→熔丝 2→________B3→________→________→________→________→________→搭铁→蓄电池负极形成________，电动机以________运转。

当雨刮器开关置于Ⅱ挡（高速）时，电流经蓄电池正极→电源总开关1→熔丝2→电刷B3→________→________→________④→________→________③→________→蓄电池负极形成，电动机以运转。

当雨刮器开关置于0挡（停止）时，如果雨刮器的________没有停到规定的________，由于触点6与铜环9接通，如图5-3所示，则电流继续________。此时电流经蓄电池正极→电源总开关1→熔丝2→电刷B3→电枢→电刷Bl→________②→________→________1→触点臂5→________→________→搭铁→蓄电池负极形成回路，电动机以运转直至蜗轮旋转到如图5-3（a）所示的“________”。触点4和触点6通过铜环 7“接通”，由于电枢转动时________的，电动机________，因而电动机以发电机运行而________。因为电枢绕组所产生的________的方向与外加电压的方向________，所以电流经电刷B3→________→触点4→铜环7→触点6→________→________→________→________→电刷B1形成回路，产生________，电动机迅速________，使橡皮刷复位到风窗玻璃的下部。

3．间歇控制

当汽车在________或________行驶时，因风窗玻璃表面形成的是________，如果刮水器的刮片按一定速度________，风窗玻璃上的________和________就会________的表面，这样不仅不能将________，反而使________，影响驾驶员的________。为避免上述情况，在现代多数轿车刮水器中设置了________。工作时将________拨至________挡位，刮水器便在________的控制下，按每停止________刮水一次的规律自动________和________，使驾驶员获得良好的________。

以上功能主要通过系统中的________来实现，间歇控制器有________和________。

二、风窗玻璃洗涤装置

1．作用

风窗玻璃刮水器的作用是________________、________、________及其他污物刮去。但在________和________时，如果挡风玻璃上________而干刮就很难刮净，甚至会划伤________。因此，现代轿车及部分载货汽车上都安装有________装置。该装置与________配合使用，使汽车________________________________系统更加完善。

2．结构及组成

风窗玻璃洗涤装置有________式、________式和________式三种，在轿车上大多数采用电动式。其中电动式风窗玻璃洗涤装置的组成，如图 5-4 所示。它由________、________、输液管、________、________等组成。

储液罐由________制成。其内盛有用________、________或________等配制的。有些储液罐上装有____________，以便监视储液罐________的多少。

清洗泵俗称________，其作用是____________，通过________和________到挡风玻璃________，它由一个________和________组成。

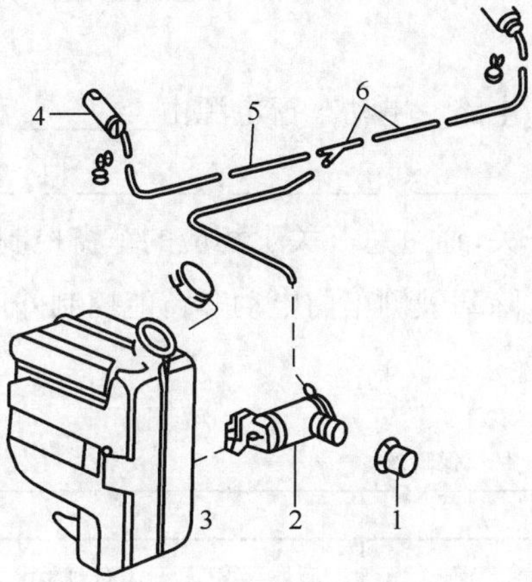

图 5-4 汽车风窗玻璃洗涤装置

1—_______；2—_______；3—_______；4—_______；5—_______；6—_______

三、电动车窗与安全带

1．作用

电动车窗利用________来驱动________，使车窗玻璃________，方便驾驶员和乘客，减少疲劳强度。

2．电动车窗的构造

电动车窗系统由________、________、________、________等装置组成，如图 5-5 所示。

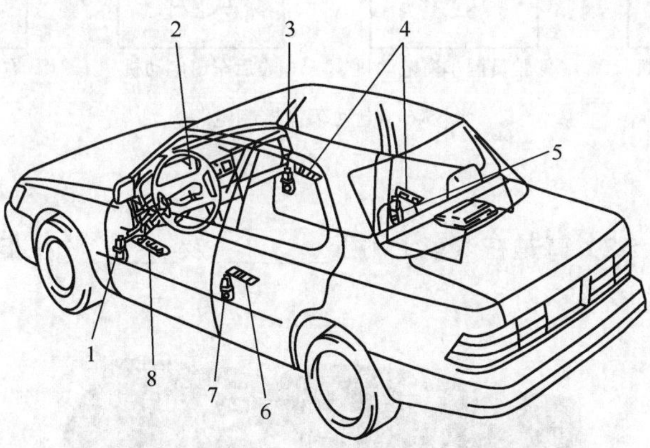

图 5-5 轿车电动车窗中的各控制开关

1、3、5、7—_______；2—点火开关；4、6—_______；8—_______

电动车窗的驱动装置由____________和___________组成，目前大部分轿车的每个车窗都装有一个________，通过开关控制它的________，使车窗________。

3．电动车窗控制电路

所有车窗系统都装有两套________。一套装在________或________的后部，为________，由驾驶员控制每个车窗________；另一套分别装在每个________，为________，可由________进行操纵。

图 5-6 所示为轿车________电路，电动车窗电源由________和________控制。接通任一车门电动车窗时________，电流经________、________、________、________控制开关、电动车窗的________后回到电动车窗控制开关，通过总开关上相应的车窗控制开关及________搭铁构成回路，使________。断开车窗开关后，除驾驶侧车门电动车窗能控制外，其余三个车门________的均被锁止。

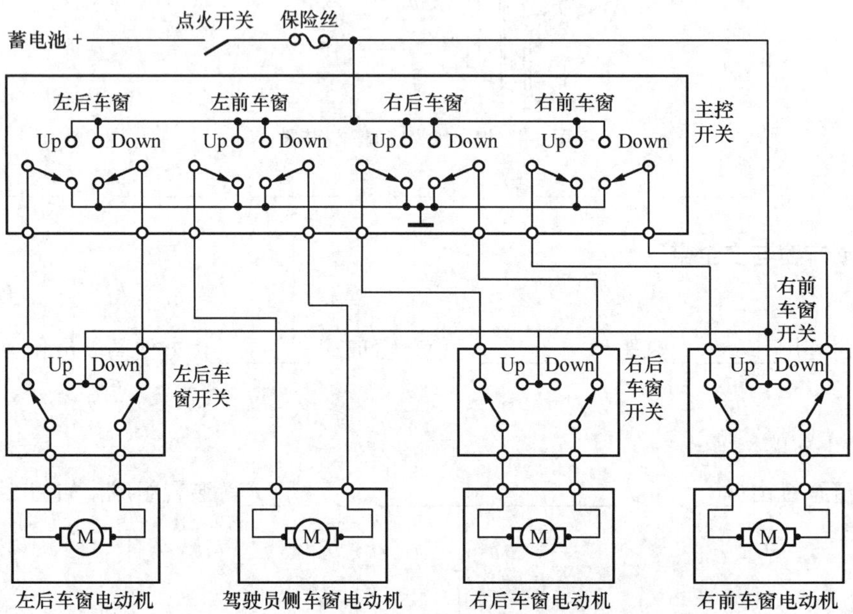

图 5-6 电动车窗控制电路

4．安全带

汽车安全带（见图 5-7）就是在汽车上用于________及________在车身受到________时防止乘客被________时伤害的装置。

图 5-7 安全带实物图

安全带的装置包括________、________、________、________、________和________等零部件。

汽车安全带常见的类型有：

① ________安全带；

② ________安全带；

③ ________安全带；

④ ________安全带（赛车用）；

⑤ ________安全带。

安全带作用过程：如果________的拉动安全带，比如说发生车祸的情形下，里面的________会由于安全带________的________而被________带出，迅速将安全带________，把座位上的人员固定在________。待冲击峰值过去，或者人已经能受到安全气囊的保护时安全带就会适当放松以免压________。从以上一系列的动作来达到保证________目的。

四、电动后视镜

1．电动后视镜作用

后视镜用来________、________和________的情况，使驾驶员能够看清必要的间接视界，是汽车重要的________部件。后视镜分________和________。内后视镜安装在车身________，驾驶员可方便地对其进行________；而外后视镜安装在________，有的安装在________，有的安装在________。外后视镜距离驾驶员________，调整它的位置比较困难，尤其是前排乘客车门一侧的________。因此，大部分轿车都把后视镜做成________，以便通过控制开关对后视镜________，如图 5-8 所示。

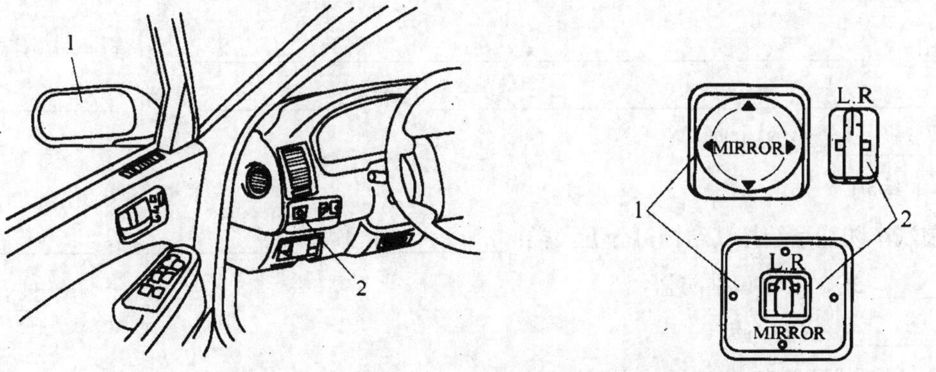

（a）后视镜　　（b）操纵电动后视镜

1—________；2—________　　1—________；2—________

图 5-8　电动后视镜

2．电动后视镜组成及结构

轿车的电动后视镜由________、________、________和________等组成。每个后视镜均有两套________，驾驶员可通过________和________进行操纵。

如图 5-9 所示，对镜面的角度进行________、________和________、________，调节范围为 20°～30°。

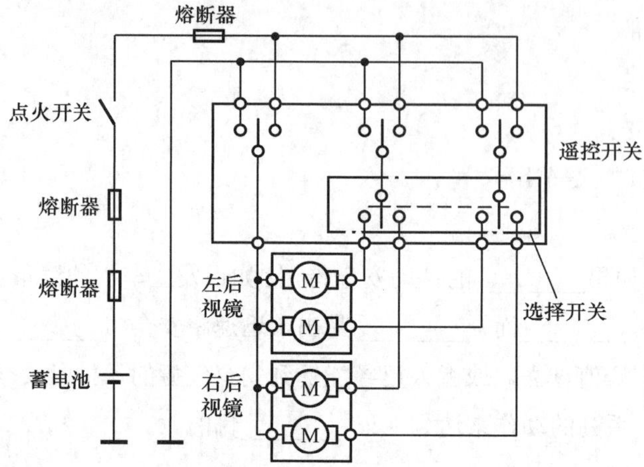

图 5-9　电动后视电路

五、防盗系统

汽车防盗系统，是指____________或车上的____________所设的系统。它由电子控制的____________或____________、____________、____________和__________等组成。最早的汽车门锁是____________式门锁，只是用于汽车行驶时防止车门____________而发生意外，只起____________安全作用，不起____________作用。随着计算机技术的高速发展，整个系统的向着____________、____________、____________的方向发展。

（一）组成

它由____________、____________、____________、____________的点火钥匙（送码器）、____________、____________、____________电路、____________电路、____________电路和____________电路所组成。

（二）结构

目前汽车防盗系统按其结构可分五大类：____________式、____________式、____________式、____________式、生物识别防盗锁。

1．________式防盗锁

________式防盗锁有三种产品：一是________，闭锁后________；二是________，闭锁时________；三是________，用于________的一种防盗型油路开关。

2．________式防盗锁

________是目前在车辆中应用最广的防盗锁之一，分为________和________的两种。单向电子防盗系统的主要功能是：车的________、________或________等，也有一些品牌的产品根据________的________增加了一些________，用________来完成发动机________、________等。双向可视的电子防盗系统相比单向的先进不少，能彻底让车主知道________的情况，当车有________时，同时遥控器上的________会显示汽车遭遇的状况，不过缺点是有效范围只有________m。

3．________防盗锁

发动机防盗锁止系统（Immobilizer）是在通用的 VATS 基础上发展起来的，在防盗原理上传承了 VATS 的思路，即利用钥匙中芯片的密码与起动电门中的密码进行匹配来控制发动机的起动，以达到防盗的目的。对于装有发动机________系统的汽车，即使盗车者打开________也不能________开走。

工作原理：通过在点火钥匙中内装有________，每个________都装有固定的ID，只有________的ID 与________的 ID________时，汽车才能________。如果不一致，发动机无法起动。当车主转动钥匙________时，基站发射低频信号开始认证过程。________端应答器工作能量由基站低频信号提供，在认证过程中，置于钥匙中的________首先发送自身的 ID 号，通过基站芯片的验证，________会发出一串随机数和 MAC 地址，同时应答器做出回应。为了提高安全性，每次发送的信号都是经过________的数据。

IMMO 主要通过________________来控制发动机，整个方案包括________、MCU、和________（例如 CAN、LIN 收发器）。在尺寸的限制下，NXP 推出新一代的单芯片解决方案，将这些________用一块专用 IC 来实现。它包括了 LIN 收发器、稳压器及数字逻辑单元，实现了________的远程 ECU 通信，只需要________（Power、GND 和 LIN）就可以实现 IMMO 功能。

4．________防盗锁

GPS 的工作原理是利用接收________与地面________和 GPS 信号接收机组成全球定位系统，卫星星座连续不断发送动态目标的________、________和________信息。保证车辆在地球上的任何________、任何________都至少能收到________发出的信号。GPS 主要是靠________或________来达到防盗的目的，同时还可通过 GPS________系统，将报警处和报警车辆所在位置无声地传送到报警中心。因此，只要每辆移动车辆上安装的______车载机能正常的工作，再配上相应的________（如 GSM 移动通信网络和电子地图），建一个________和________目标发出的报警和位置信号的监控室，就可形成一个卫星定位的移动目标监控系统。

5．生物识别防盗锁

指纹锁是利用________不同的________特征制成的一种汽车门锁。制作时先在锁内安装车主的________，如图 5-10 所示。当车主________时，只要将手指往________一按，如果________相符，车门即开。眼睛锁是利用________来控制的汽车门锁。这种锁内设有______识别和________系统，车主开锁时只需凑近门锁________，________与________相吻合时，车门会________，但缺点是价格昂贵。一般使用这种防盗系统的都是________轿车，经济型轿车一般不需要安装如此高档的________系统。

六、空调系统

（一）概述

汽车空调是________的简称，它是指在________，对________、________及________进行调

节，使汽车车厢内的________处于________的状态，从而让驾驶员和乘客感到________。汽车空调具有四大功能：________；________；空气的________；空气的________。其中________是汽车空调最主要、最基本的功能。

图 5-10　指纹锁

汽车空调系统包括________、________、________与________系统和控制系统等部分。由于暖风系统较为________，故空调系统一般即指________系统。制冷系统主要用于在________天气下对车内空气或外部进入车厢内的新鲜空气进行________与________，使车厢内________；采暖装置主要用于对冬季车厢内________或进入车厢内的________进行和除湿，达到________效果；通风装置主要对车内引入的新鲜空气进行________和________，保证车内空气________和________；空气净化装置是除去车厢内的________和________，使空气________。将以上装置按照一定的布置形式安装在汽车上，便组成完整的________。但一些车辆为________，________，仅为了适应________或________的特点，装有制冷系统或采暖通风装置。

（二）汽车空调系统组成

汽车空调系统由________、________、________、________和________组成，如图 5-11 所示。

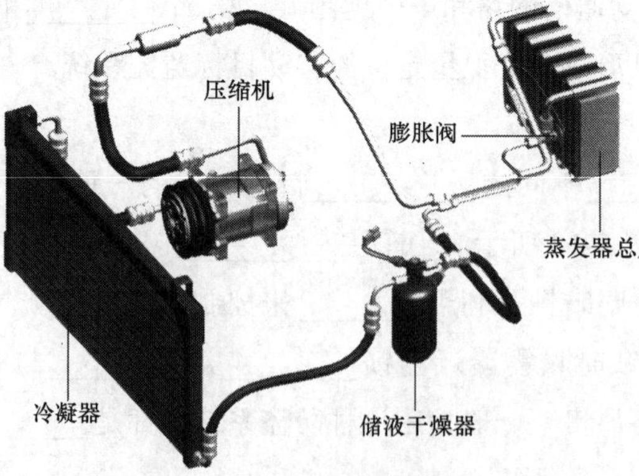

图 5-11　汽车空调系统

（三）制冷系统的构造与原理

汽车空调制冷系统对车内空气或由外部进入车内的新鲜空气进行________或________，

使车内空气变得________。制冷系统由________、________、________、________、________、________、________、________等组成。

1．制冷剂

制冷剂俗称________，又称________，它是制冷系统中用于________、完成制冷循环的工作介质（即作为热量交换的介质）。汽车制冷剂有________（四氟乙烷）与________（二氯二氟甲烷），如图 5-12 所示。

图 5-12 制冷剂

以前汽车的空调系统大多采用________作为制冷剂，但由于泄漏的 R12 会破坏地球的臭氧层，危害人类的健康，因此这种制冷剂已列为淘汰产品。国家规定：2000 年以后生产的新车，不准____________________。因此____________________。

R134a 是目前____。其____；其____；________________。R134a 和 R12 不能________，否则________。

制冷系统的制冷原理主要是________________________________。物质由液体变为气体时，________________，液体的气化使液体的温度降低，________________，环境物体提供热量。物质由气体变为液体时，____________，制冷剂向________，气体的液化________。

在整个制冷过程中，制冷剂只有____________________。

2．压缩机

（1）安装位置

空调压缩机如图 5-13 所示，安装在蒸发器与冷凝器之间，由曲轴皮带带动。

图 5-13 压缩机

（2）功用

空调压缩机是________________________，起着________________________，即把____。

空调压缩机是____________________、____________________。

（3）工作原理

空调压缩机的接通或断开由__________来控制，而电磁离合器由__________。离合器的电磁线圈实际上是一个电磁铁，当离合器__________，压缩机轴__________，制冷剂也__________；当通电以后产生磁场，__________，将__________，把驱动皮带轮的功率传到压缩机，从而驱动__________________；一旦切断电流，__________，__________，__________，__________。

3．电磁离合器的组成

它由__________、__________、__________等组成，如图 5-14 所示。其类型有__________等。

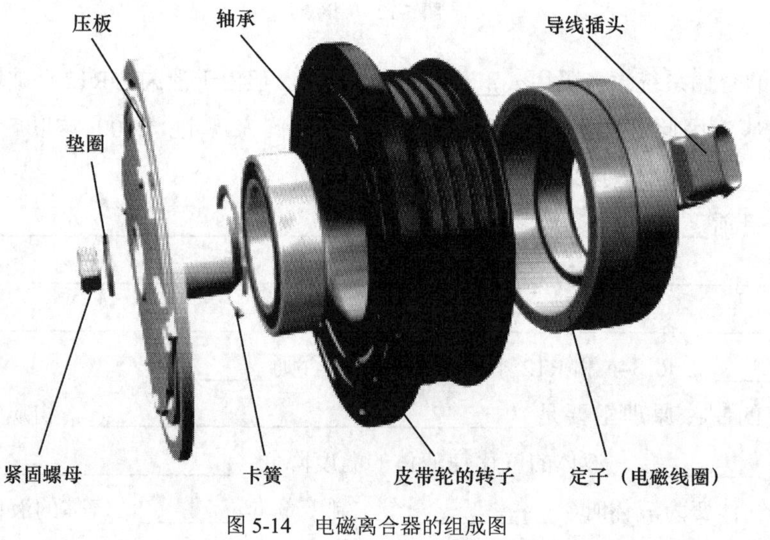

图 5-14　电磁离合器的组成图

4．储液干燥器

（1）安装位置

储液干燥器安装在_______________________之间。

（2）功用

储液干燥器是________________，它可除去制冷剂中的________________，并能从它上方的玻璃液窗观察制冷剂的__________。

（3）结构

储液干燥器内部由______________________________构成，如图 5-15 所示。干燥剂一般可用________________________。因 R134a 与 R12 的__________，__________，故需采用不同的干燥剂。过滤装置一般由多层不同网目的金属滤网构成，由铜丝布、纱布、药棉等材料填叠而成。

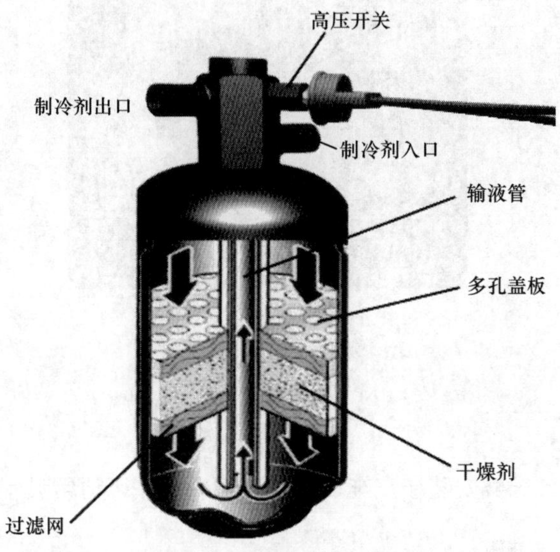

图 5-15　储液干燥器图

工作原理：高温高压液态制冷剂进入储液干燥器，流过__________，将各种悬浮颗粒留在过滤区中，经过干燥区时，除去所含的水气，过多的制冷剂储存在__________，制冷剂由__________。

有些汽车空调系统的视液镜安装在______________之间，通过视液镜观察玻璃显示不同的______________，可以判断制冷剂__________________________（见图 5-16）。

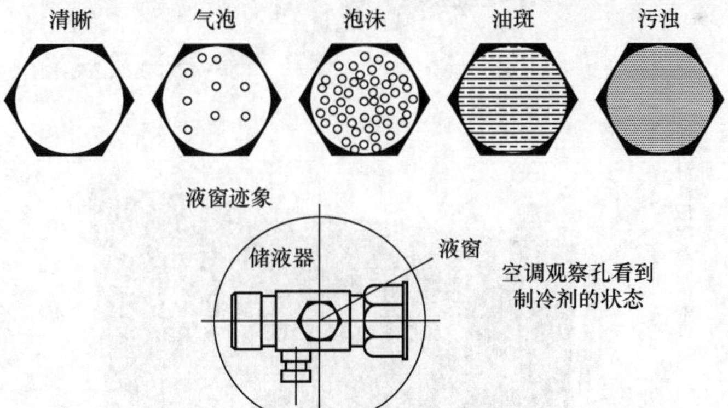

图 5-16　观察示意图

5．高低压力开关

（1）安装位置

压力开关（见图 5-17）装在______________。

（2）作用

当压力______________使压缩机停止工作，起到______________。它直接把电信号反馈给电控单元 ECU，通过______________。

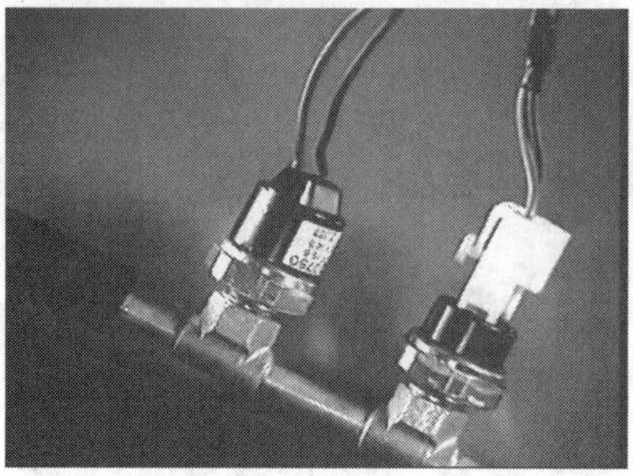

图 5-17　压力开关

6．冷凝器

（1）安装位置

冷凝器（见图 5-18）一般安装在汽车车头、侧面或车底，通常设置在散热器前面。

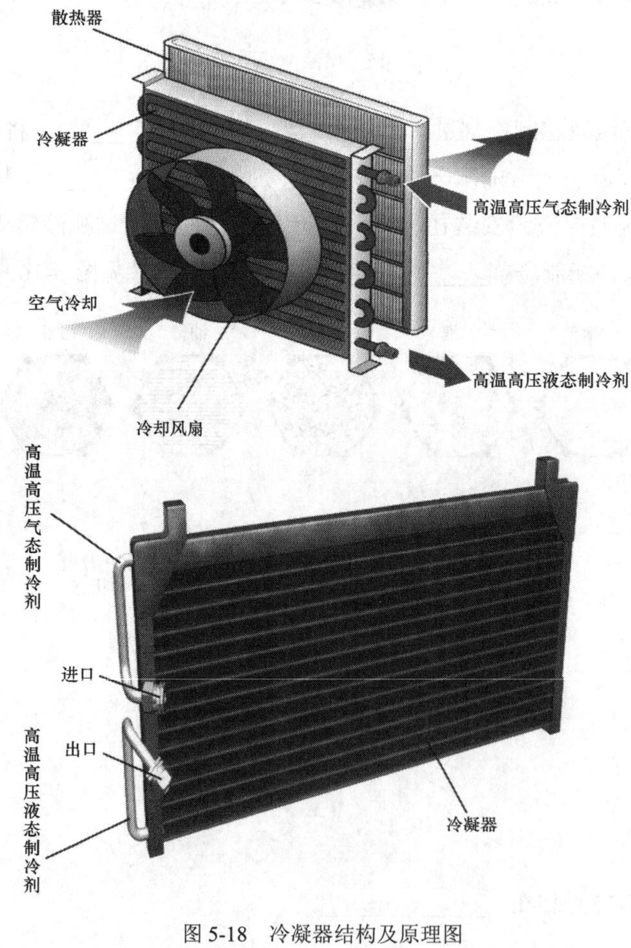

图 5-18　冷凝器结构及原理图

（2）功用

把压缩机排出的______________，通过向车外______________，转变为______________。

（3）结构

冷凝器一般采用铝材料制造，按照结构类型分为________、________和________3 种。

7．蒸发器

（1）安装位置

一般安装在______________之间，安放在仪表台中的______________。

（2）功用

蒸发器也是______________，功能______________，其将______________，通过吸收流经蒸发器空气的热量，从而______________。

（3）结构

蒸发器其一般采用铝制造，其结构（见图 5-19）与______________相似，按照结构类型也分为管片式、管带式和层叠式 3 种。

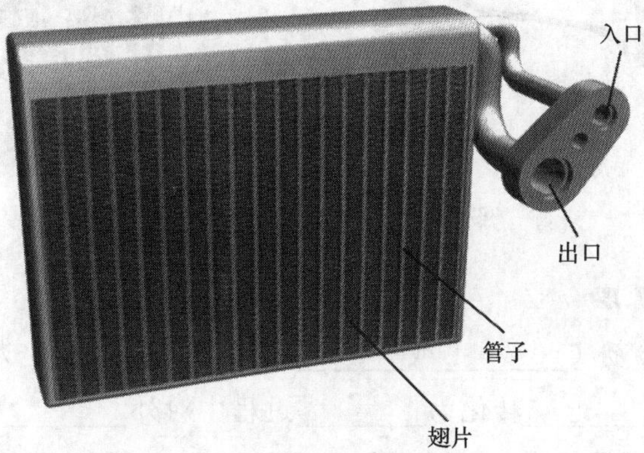

图 5-19 蒸发器结构图

工作原理：空调系统工作时，来自________通过蒸发器管道时，液态制冷剂在________，利用________________。热、湿空气通过________时，碰到________的金属________和________，空气________下来，空气中的________被________沿________流下排出，________的空气被送入车内，使车厢温度________，________。同时________制冷剂变为________制冷剂，并回到________。在________前面安装有一个________，用于检测蒸发器的________，并将该信息提供给空调的________，以避免蒸发器________。设定界限为________左右。

8．膨胀阀

（1）安装位置

膨胀阀（见图 5-20）一般安装在________________________。

（2）功用

① 节流降压：它使从________来的________制冷剂________成为容易蒸发的________制冷剂，制冷剂进入________后，在蒸发器内________。

② 自动调节制冷剂流量：________可根据系统________需要量的变化________地调节________，以满足________要求。

（3）类型

主要有________式和________式两种类型。________式膨胀阀分 F 型和 H 型两种结构类型。

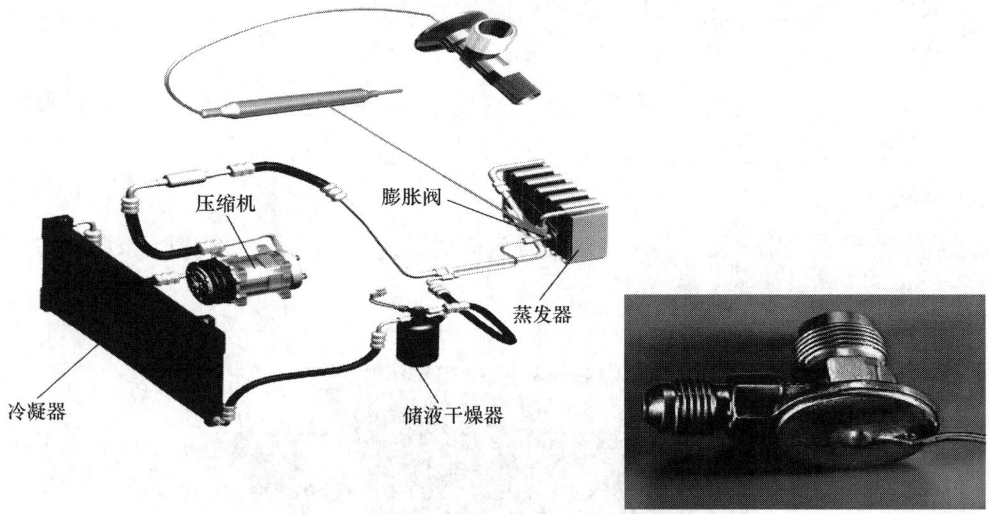

图 5-20　膨胀阀安装与实物图

（四）制冷系统工作原理

制冷系统是利用制冷剂（________或________）由________转化为________过程中需要吸收________及制冷剂由________转化为________过程中对外________的原理来达到________目的。如图 5-21 所示，压缩机在________驱动下经________和________带动旋转，吸入来自________的________，将其________成为温度约________，压力为________的，经________送入。进入________的经________后温度下降为________，压力为________左右的________。________制冷剂进入________，去除________和________，然后经________送至________，经________节流变为压力________，温度为________的________制冷剂________。制冷剂在蒸发器中________周围空气的________而________，从而使________及________温度降低，________周围将始终保持________的温度。________将空气________蒸发器________，使冷气送进________。由于________，________到达蒸发器________时温度升至________左右。如果________地运转，________的制冷剂又被压缩机________，从而使上述工作过程将不断地________下去。同时，当车厢内________时，________经发器________，空气中的________会在蒸发器表面________车外，使车厢空气中的________，达到________的目的。

（五）汽车空调制冷系统的控制电路

随着计算机控制技术的发展，在许多车辆上采用了________________，能为车厢提供并保持________________的________________。如图 5-22 所示为五菱小旋风汽车空调系统基本电路，主要包括＿＿＿＿＿、＿＿＿＿＿电路、＿＿＿＿＿电路和＿＿＿＿＿控制电路等。

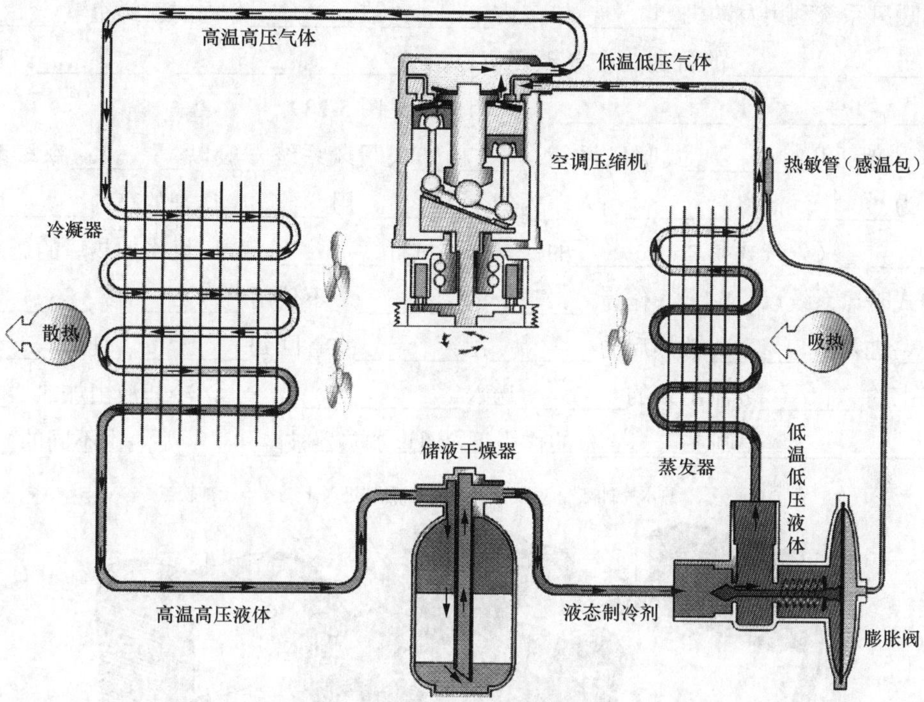

图 5-21　制冷原理图

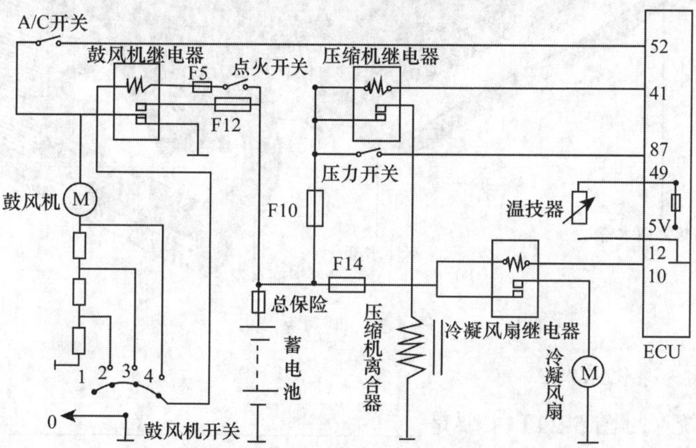

图 5-22　五菱小旋风汽车空调制冷系统控制电路

打开点火开关，电流从＿＿＿＿到＿＿＿＿再到＿＿＿＿，如打开＿＿＿＿时，鼓风机＿＿＿＿搭铁被＿＿＿＿，鼓风机＿＿＿＿；由于＿＿＿＿的原因，2、3、4 挡的＿＿＿＿。

当打开 AC 开关时，电流经＿＿＿＿流向 ECU。如符合以下两个条件，＿＿＿＿则接通＿＿＿＿与＿＿＿＿的搭铁，＿＿＿＿工作。

（1）车外温度＿＿＿＿时；

（2）高低压压力开关＿＿＿＿之间＿＿＿＿。

（六）空调暖风系统

空调暖风系统利用发动机________给车内________或________车内的新鲜空气________，以达到________、________的目的。在冬天还可以给________、________、________。暖风系统由________、________、________、________组成（见图 5-23）。

轿车一般采用________式暖风系统。________式暖风系统一般以________冷却系统中的________为________，将________引入车内的________，用________送来的车内________（内气式）或________（外气式）与________的________进行________，鼓风机将加热后的送入车内。

水暖式暖风系统以________作为________的________。不使用________时，________通过上部________进入，________散热后的________由________水管回到________。使用________时，经发动机上的________分流出来的________送入________的________，冷却液由加热器________回到________。________则在________的作用下，通过加热器被________后，由不同的________。

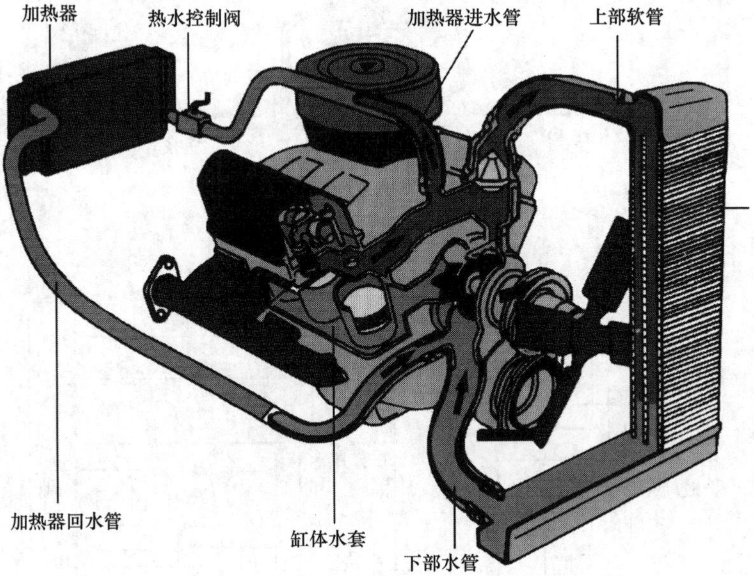

图 5-23　暖风系统

（七）空调通风、净化系统

通风、净化系统（见图 5-24）主要是________________________________。

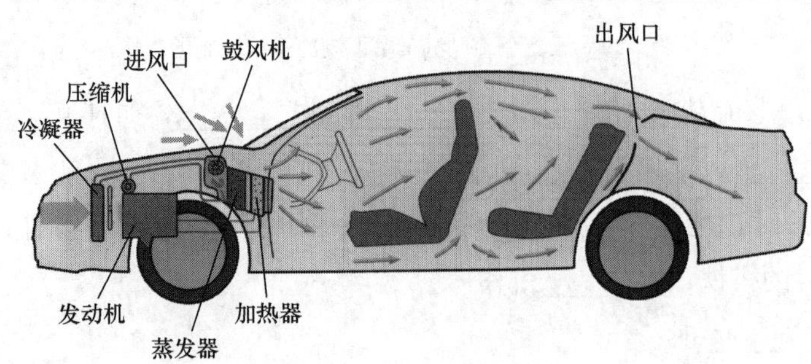

图 5-24　通风、净化系统

驾驶员根据需要，使空气进行________或________，对________进行________，同时，控制________，以达到________、________及________的功效。通风系统包括________、________、________、________、________及________。

空气净化系统的作用原理是________________________________，除去车内空气中的________、________。

七、汽车制冷系统的检测

（一）空调歧管压力表

1．作用

空调歧管压力表是______________，主要用于________、________，充注________，加注________，系统________和________等工作，如图 5-25 所示。

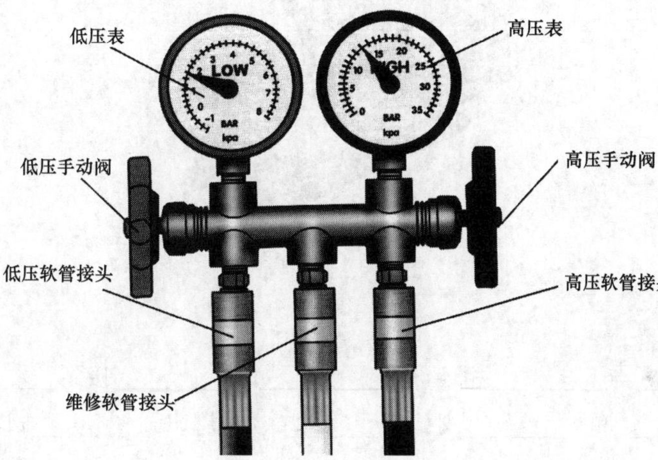

图 5-25 空调歧管压力表

2．组成及功能

它由________、________、________阀、________阀、三条________及________组成。歧管压力表的________压力表中，一个用于检测冷气系统________的压力，另一个用于检测________的压力。________表既用于显示压力，也用于显示________。________都装在一个表座上，下部有________接口，通过________阀和________组合使用。

3．歧管压力表的连接

（1）关闭________表的________、________阀门；

（2）将歧管压力表的________接到制冷系统的________上，________接头与高压侧________相连，低压侧________与________相连；

（3）连接时，要保证________，接头能顶开________的________；

（4）中间________管按需要连接________、________或者________、________。

（二）抽真空

空调系统一经__________就__________，如图 5-26 所示，以清除可能进入空调系统的

__________和__________。

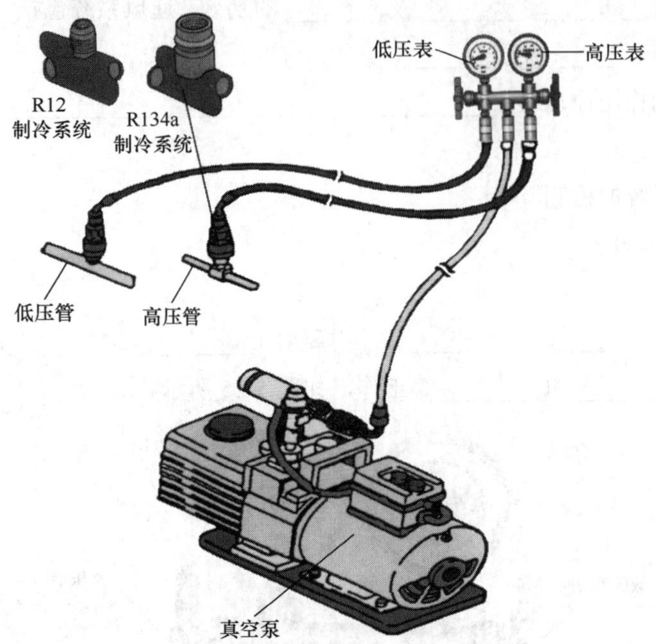

图 5-26 抽真空图

操作步骤如下。

（1）将__________与__________相连，将__________的__________接到__________进口。

（2）打开__________和__________阀并__________。如果打开__________阀，__________表进入__________范围，说明系统中__________。

（3）大约__________后，检查低压表__________，若大于__________，关闭__________和__________阀并停止__________。__________后，检查__________值有无变化，如有__________则应检查和修理__________处；如果没有__________，继续__________，直至低压表读数为__________。

（4）关闭__________和__________阀，停止__________工作，__________或__________后，检查__________读数是否有变化，若__________即可向空调系统__________。

（三）制冷剂的充注

1. __________充注法

将制冷剂从__________充注到制冷系统，注入的是__________，所以加液速度__________，这种充注法适用于__________向制冷系统充注__________。

在停机状态下进行操作，操作步骤如下。

（1）制冷剂注入之前，要排除制冷剂注入管道中的__________。

（2）完全打开__________阀，并保持制冷剂罐__________。

（3）________充入制冷系统后，关闭________阀。

（4）高压表显示值达到________MPa之间即可________制冷剂。

2．________充注法

将________从________充注到________，注入的是________，所以充注速度________，这种充注法适用汽车空调制冷系统制冷剂________时________添加。

在压缩机运转的情况下进行充注，操作步骤如下。

（1）排除制冷剂注入________的________。

（2）制冷剂罐________放置，避免________的________，以防止压缩机产生________，打开________阀，调节手阀使低压表读数不超过________。

（3）将发动机置于________（2000r/min），并使空调系统________。

（4）充入________后，低压表显示值达到________MPa 之间即可停止注入________。关闭________阀。

在充注时，可将________浸入________（最高温度为40℃）中，可________。

（四）空调系统检漏

检漏方法：________在短时间大量减少，应该进行________检查。方法有________法、________法、________法、________法和________法。

1．________法：观察________，有漏的地方一般会沾有________（直观有效）。

2．________法：把________（洗手）液溶于水中________，把________涂在怀疑有________的接头处，如有________会不断有________。此方法较常用。

3．________法：用________着________着色剂，这种________一碰到制冷就会________。这种方法也很________，但价格________，修理厂很少使用。

4．________法：________便宜，________高，但使用________且________，现很少使用。

任务实施

一、空调压缩机连接器故障排除

1．准备工作。将________，准备好与空调相关的________、________等，如图 5-27 所示。

图 5-27　准备材料

- 设备：丰田卡罗拉整车一辆。
- 工具及耗材：__________、__________、空调__________、空调__________及附件、__________、毛巾等。

2．安装__________。

① 安装车轮__________。

② 打开引擎盖，安装__________及__________，如图 5-28 所示。

图 5-28　安装翼子板及前格栅布

3．检查发动机__________、测量蓄电池__________。

如图 5-29 所示，检查__________正常，蓄电池电压为__________正常。

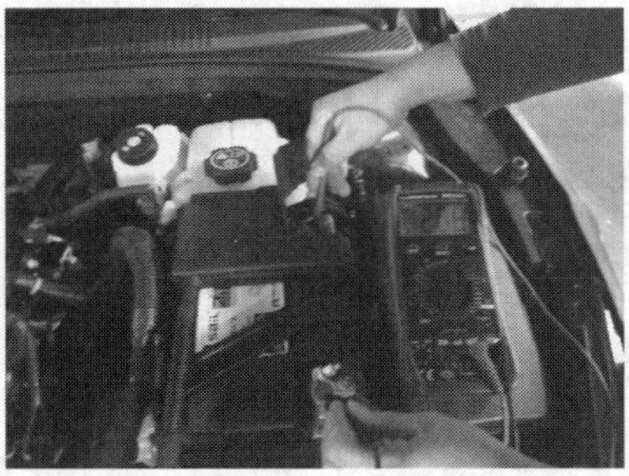

图 5-29　检查发动机机油、测量蓄电池电压

4．检查__________（压缩机电磁阀），如图 5-30 所示。

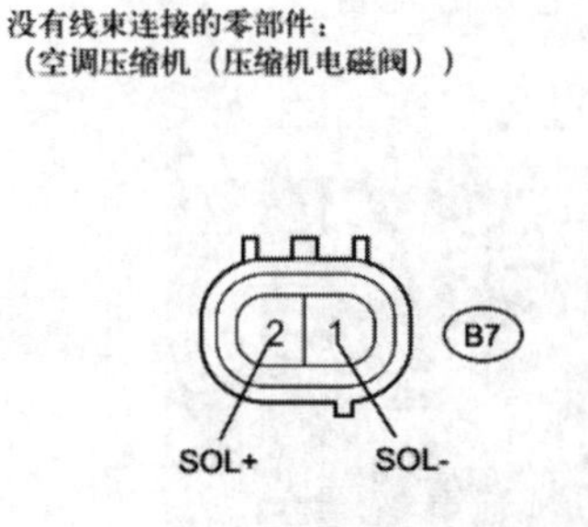

图 5-30　检查电磁阀

① 断开____________________。

② 测量端子 1 和 2 之间的__________（见表 5-1）。

表 5-1 检测仪连接、条件及规定状态（一）

检测仪连接	条件	规定状态
B7–2（SOL+）—B7–1（SOL）	20℃（68°F）	10～11Ω

测量电阻为 10.4Ω。

5．检查________和________（空调压缩机—车身搭铁），如图 5-31 所示。

① 断开__________连接器。

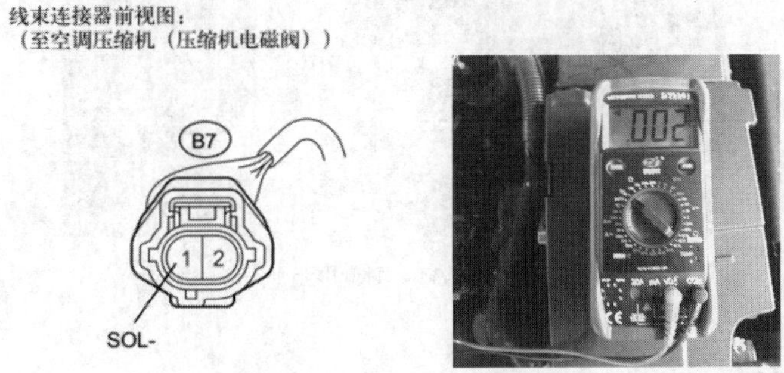

图 5-31 检查线束和连接器

② 测量 B7-1（SOL-）端子和车身搭铁________（见表 5-2），测量电阻为________。

表 5-2 检测仪连接、条件及规定状态（二）

检测仪连接	条件	规定状态
B7-1（SOL–）—车身搭铁	始终	小于 1Ω

6．检查________和________（空调压缩机—空调放大器），如图 5-32 所示。

① 断开________（压缩机电磁阀）连接器。

② ______________________，如图 5-33 所示。

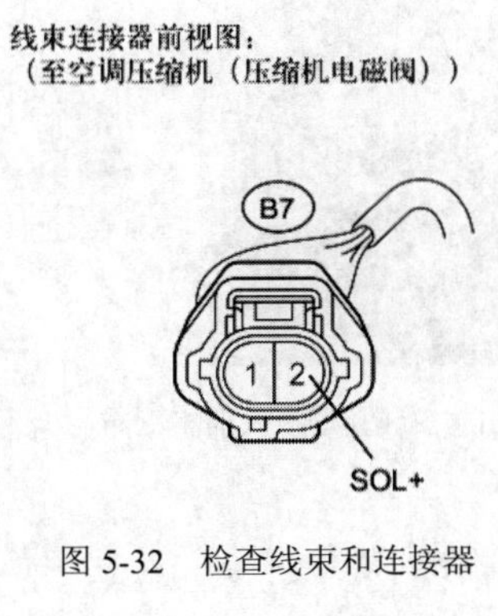

图 5-32 检查线束和连接器

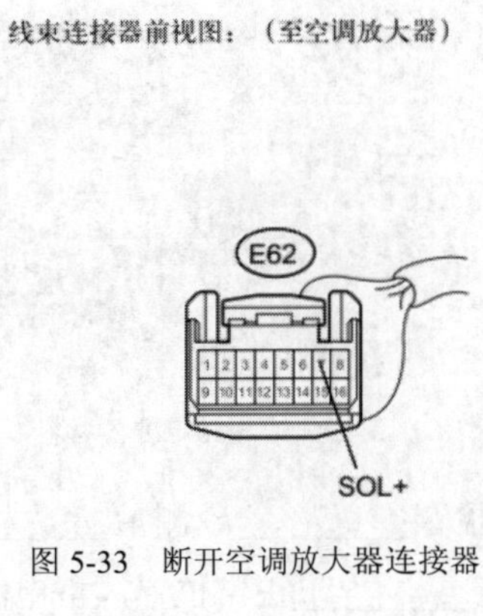

图 5-33 断开空调放大器连接器

③ 测量电阻。E62-7 和 B7-2 之间的电阻为________Ω、E62-7 和车身搭铁为________（见表 5-3），如图 5-34 所示。

表 5-3 检测仪连接、条件及规定状态（三）

检测仪连接	条件	规定状态
B62–7（SOL+）—B7–2（SOL+）	始终	小于 1Ω
E62–7（SOL+）—车身搭铁	始终	10kΩ或更大

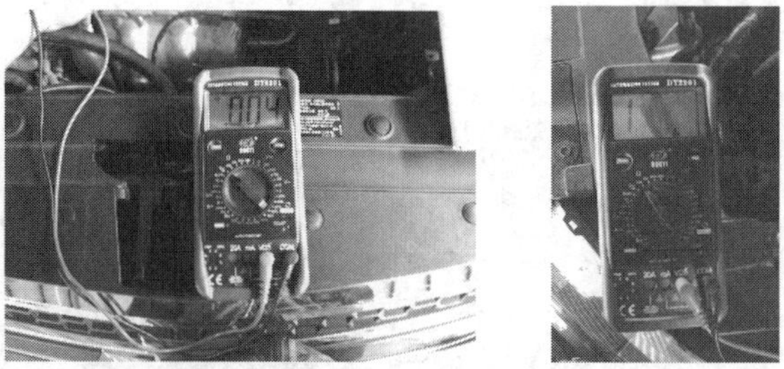

图 5-34 测量电阻

7．更换________。

8．起动汽车打开________，检查________，无________，________已经排除。

9．________、________，________。

二、制冷剂的加注

1．准备工作。将________，准备好与空调相关的________、________等，如图 5-35 所示。

• 设备：丰田卡罗拉整车一辆。

• 工具及耗材：________、________、________、________及附件、________、毛巾等。

2．安装________。

① 安装________。

② 打开________，安装________及________，如图 5-36 所示。

图 5-35 准备材料

图 5-36 安装翼子板及前格栅布

3．检查________、测量________，如图 5-37 所示。

检查________正常位置，蓄电池电压为________正常。

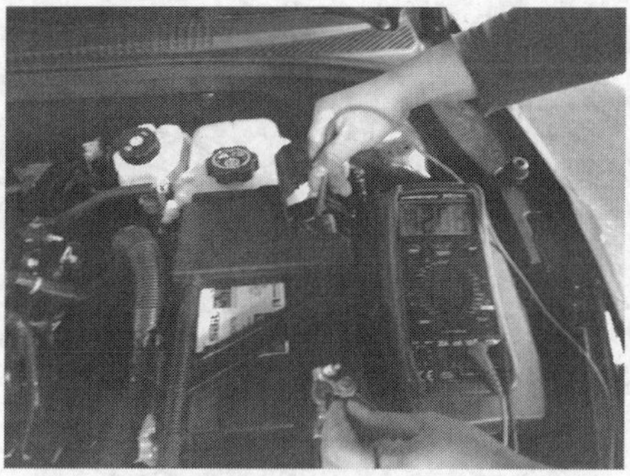

图 5-37　测量蓄电池电压

4．车上检查。

起动________，将车门________，温度设置到“________”，鼓风速度调到“____”，空调开关打到“____”位置，如图 5-38 所示。

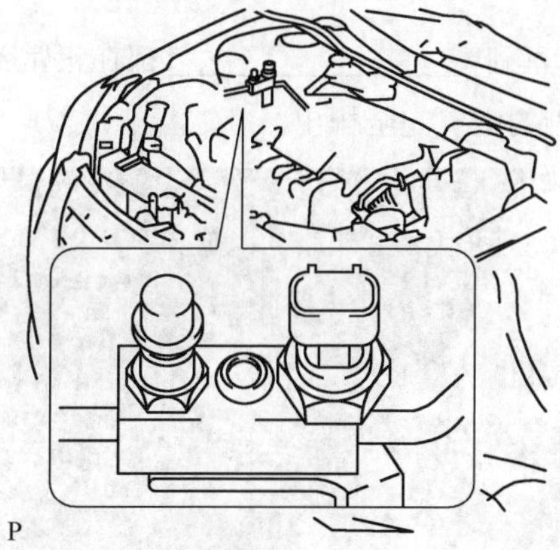

图 5-38　检查空调管和附件上的观察孔

① 检查制冷剂：检查________附件上的________。

② 目测检查：________________________。

③ 用检漏仪检查________________，如图 5-39 所示。

图 5-39　用检漏仪检查

5．用歧管压力表组件检查制冷________，如图 5-40 所示。

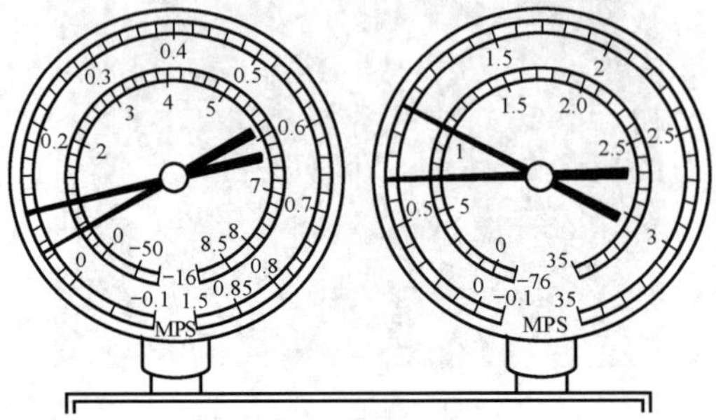

图 5-40　检查制冷压力

用歧管压力表组件检查制冷压力，发现高压侧压力为_____MPa，低压侧压力为_____MPa，低于________。

6．加注制冷剂。

连接好仪器，加注制冷剂，直到________________都在正常范围内，如图 5-41 所示。注意：加注前压下中间的阀门把连接管的空气完全排出。

图 5-41　加注制冷剂

7．________________，检查故障，无故障码，故障已经排除。

8．_______、________，________。

综合故障排除

张先生开了两年多的卡罗拉汽车，在使用空调制冷时，打开空调开关，各出风口正常出风，但不是凉风；把温度滑键开到最冷，仍然不出凉风。请根据所学知识分析其故障发生的原因并制定解决方案，根据方案排除故障。

一、知识链接

① 汽车空调相关理论知识。

② 汽车空调零部件的拆装、检修。

③ 汽车空调执行件的检测。

故障分析：空调不制冷存在的故障一般为制冷剂不够、空调管路有泄漏、电磁离合器不工作、膨胀阀失效、蒸发器堵塞、冷却风扇失效、压力开关失效等故障。

二、故障点检查

1．检查发动机机油、测量蓄电池电压

检查机油应在正常位置，蓄电池电压为12.09V（正常），如图5-42所示。

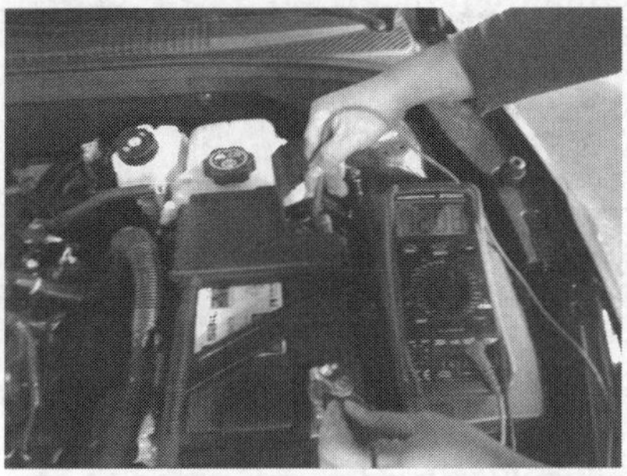

图5-42 测量蓄电池电压

2．车上检查（见主教程）

3．检查空调压缩机（压缩机电磁阀）

4．检查线束和连接器（空调压缩机—车身搭铁）

5．检查线束和连接器（空调压缩机—空调放大器）

6．根据客户陈述检查各故障点并按要求填写车辆检查问诊单（见表5-4）

表5-4 车辆检查问诊单

<table>
<tr><td>客户姓名</td><td></td><td>车牌</td><td colspan="3"></td></tr>
<tr><td>客户电话</td><td></td><td>车型</td><td colspan="3"></td></tr>
<tr><td>维修顾问</td><td></td><td>车架号</td><td colspan="3"></td></tr>
<tr><td>预计交车时间</td><td></td><td>行驶里程数</td><td></td><td>燃油表显示</td><td></td></tr>
<tr><td colspan="2">外观确认：
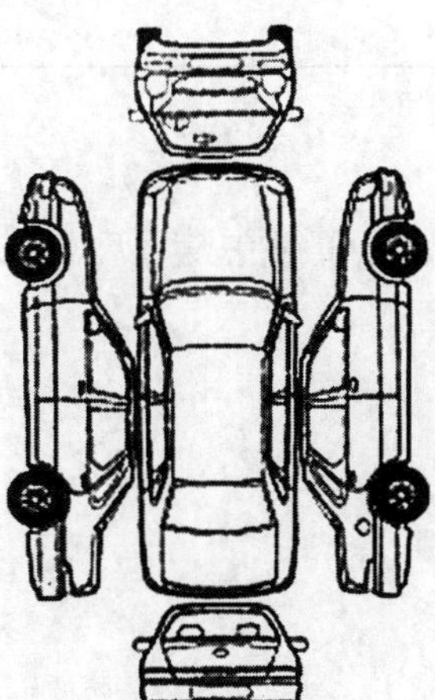
○划伤
□擦伤
◇碰伤
△凹陷
◉脱落</td><td colspan="4">仪表故障信息：

其他：</td></tr>
</table>

续表

<table>
<tr><td rowspan="3">客户陈述故障</td><td colspan="3"></td></tr>
<tr><td colspan="3"></td></tr>
<tr><td colspan="3"></td></tr>
<tr><td rowspan="3">报检项目</td><td colspan="3"></td></tr>
<tr><td colspan="3"></td></tr>
<tr><td colspan="3"></td></tr>
<tr><td rowspan="3">建议维修项目</td><td colspan="3"></td></tr>
<tr><td colspan="3"></td></tr>
<tr><td colspan="3"></td></tr>
<tr><td>客户签字</td><td></td><td>服务顾问签字</td><td></td></tr>
</table>

三、制定计划

老师将学生分成若干小组，每组 5 人左右，每组选出一个组长，组长负责对组员进行任务分配，组员按照组长的要求完成相应的任务，并将所完成的任务内容填入表 5-5 中。

表 5-5　制定计划表

<table>
<tr><th>序号</th><th>任务</th><th>个人任务</th><th>完成情况</th><th>教师或组长检验结果</th></tr>
<tr><td>1</td><td rowspan="4">使用空调制冷时，打开空调开关，各出风口正常出风，但不是凉风；把温度滑键开到最冷，仍然不出凉风。请根据所学知识排除相关故障</td><td></td><td></td><td></td></tr>
<tr><td>2</td><td></td><td></td><td></td></tr>
<tr><td>3</td><td></td><td></td><td></td></tr>
<tr><td>4</td><td></td><td></td><td></td></tr>
</table>

四、检查修改计划

教师检查学生做的计划，根据要求提出相应的修改计划（如计划做得很完美则无需修改，直接进入下一阶段）。

五、实施

1．教学准备

① 一体化实训场地准备：工作台、电气实训台架、教学用整车。

② 工具准备：拆装工具套装、测量工具。

③ 资料准备：教学课件、视频资料、维修手册、网络教学资源。

2．根据检查的结果制定维修方案并按要求填写维修卡（见表 5-6）

表 5–6 维修卡

服务专员		日期		制单人员	
工单号		进厂日期		发动机号	
车主		车主电话		车架号（VIN）	
地址					
车牌号		车型			
检查结果					
维修方案	1．拆装				
	2．维修				
	3．更换				
维修人员签字		组长签字		指导教师签字	

3．根据维修方案排除故障并按要求填写维修工单（见表 5-7）

表 5–7 维修工单

服务专员		日期		制单人员	
工单号		进厂日期		发动机号	
车主		车主电话		车架号（VIN）	
地址					
车牌号		预定交车时间		质检	
车型		路试		洗车	
维修类别		进厂里程		保修结束里程	
维修项目	维修内容		工时	单价	金额
1．拆装					
2．修复					
3．喷漆					

续表

<table>
<tr><th>维修项目</th><th colspan="2">维修内容</th><th>工时</th><th>单价</th><th>金额</th></tr>
<tr><td>4．更换</td><td colspan="2"></td><td></td><td></td><td></td></tr>
<tr><td>5．机修</td><td colspan="2"></td><td></td><td></td><td></td></tr>
<tr><td>6．四轮定位</td><td colspan="2"></td><td></td><td></td><td></td></tr>
<tr><td>客户签字</td><td></td><td>维修技师签字</td><td></td><td>洗车技师签字</td><td></td></tr>
<tr><td></td><td></td><td>终检签字</td><td></td><td>维修经理签字</td><td></td></tr>
</table>

六、评估效果

整体任务完成情况评价及评分标准，如表 5-8 所示。

表 5-8　整体任务完成情况评价及评分标准

<table>
<tr><th colspan="2">评价内容及评分标准</th><th>自我评价
（打分）</th><th>小组相互评价
（打分）</th><th>教师评价
（打分）</th></tr>
<tr><td rowspan="3">信息收集（15 分）</td><td>理解任务或问题的程度（5 分）</td><td></td><td></td><td></td></tr>
<tr><td>收集信息的完整性（5 分）</td><td></td><td></td><td></td></tr>
<tr><td>对信息（知识）的领会性（5 分）</td><td></td><td></td><td></td></tr>
<tr><td rowspan="2">制定计划（20 分）</td><td>计划制定参与程度（10 分）</td><td></td><td></td><td></td></tr>
<tr><td>计划的合理性及实用性（10 分）</td><td></td><td></td><td></td></tr>
<tr><td rowspan="3">修改计划（15 分）</td><td>和老师怎么讨论计划（5 分）</td><td></td><td></td><td></td></tr>
<tr><td>和老师讨论后，是否知道如何改进计划（5 分）</td><td></td><td></td><td></td></tr>
<tr><td>计划修改后的完整性（5 分）</td><td></td><td></td><td></td></tr>
<tr><td rowspan="3">实施（20 分）</td><td>是否按计划进行工作（5 分）</td><td></td><td></td><td></td></tr>
<tr><td>是否亲自实施计划（5 分）</td><td></td><td></td><td></td></tr>
<tr><td>是否记录工作过程及结果（10 分）</td><td></td><td></td><td></td></tr>
<tr><td rowspan="3">检查（15 分）</td><td>是否按计划的要求去完成任务（5 分）</td><td></td><td></td><td></td></tr>
<tr><td>是否达到预期目标（5 分）</td><td></td><td></td><td></td></tr>
<tr><td>整个工作流程是否与标准流程符合（5 分）</td><td></td><td></td><td></td></tr>
<tr><td rowspan="4">评价（15 分）</td><td>按计划是否完成了任务或解决了问题（5 分）</td><td></td><td></td><td></td></tr>
<tr><td>在哪个环节上可以改进（2 分）</td><td></td><td></td><td></td></tr>
<tr><td>学习团队的合作情况（3 分）</td><td></td><td></td><td></td></tr>
<tr><td>现场 5S 及劳动纪律（5 分）</td><td></td><td></td><td></td></tr>
<tr><td colspan="2">总分</td><td></td><td></td><td></td></tr>
<tr><td>总评</td><td colspan="4"></td></tr>
</table>

技能考核

空调检测及制冷剂加注考核评分表，如表 5-9 所示。

空调检测及制冷剂加注考核（时间：30 分钟）

表 5-9　一体化项目（任务）考核评分表

任课教师签字：

序号	考核内容	配分	评分标准	考核记录	扣分	得分
一	考前准备	2	备齐所需的工具及设备			
二	空调的检测及制冷剂的加注（70 分）	5	1．安装三件套			
		5	2．安装车轮挡块			
		5	3．打开引擎盖，安装翼子板及前格栅布			
		5	4．检查发动机机油、测量蓄电池电压			
		10	5．车上检查：起动车辆，将车门全打开，温度设置到“MAX COLD”，鼓风速度调到“HI”，空调开关打到“ON”位置			
		10	6．检查制冷剂：检查空调管和附件上的观察孔			
		10	7．用歧管压力表组件检查制冷压力			
		15	8．加注制冷剂			
		5	9．起动汽车打开空调测试			
三	基础知识填空	15	回答正确、书写工整、按时全部完成			
四	职业素养（13 分）	5	1．课堂纪律			
		5	2．文明操作			
		3	3.工具及设备的整齐、清洁度			
五	时间要求		每超过 1 分钟扣 1 分，超过 10 分钟者不予及格			
合计		100				

表 5-10 所示为各项目考试分数及总评。

表 5–10　期末总评

	项目一	项目二	项目三	项目四	项目五	总评分
项目及所占比例	15%	25%	20%	20%	20%	
各项目考试分						
折算后得分						